Die Besteuerung der Personengesellschaften – *leicht gemacht*

BLAUE SERIE – *leicht gemacht*
Herausgegeben von Helwig Hassenpflug

Die *leicht gemacht*-Lehrbücher führen Studierende erfolgreich in die Fächer Recht (GELBE SERIE) und Steuern / Rechnungswesen (BLAUE SERIE) ein, indem sie besonderes Augenmerk auf didaktische Erfordernisse legen und die wichtigsten Grundlagen vermitteln. Die Bände richten sich insbesondere an Anfängerinnen und Anfänger ohne Vorkenntnisse und sind daher ideal für den Einstieg und zur Prüfungsvorbereitung.

Weitere spannende Bände unter:
www.leicht-gemacht.de

Die Besteuerung der Personengesellschaften *leicht gemacht* ✓

Die Steuern der GbR, OHG, KG, GmbH & Co. KG und ihrer Gesellschafter

2., überarbeitete Auflage

von Jörg Drobeck

Edition Wissenschaft & Praxis

Bibliografische Information der Deutschen Nationalbibliothek

Die Deutsche Nationalbibliothek verzeichnet diese Publikation in der Deutschen Nationalbibliografie; detaillierte bibliografische Daten sind im Internet über http://dnb.d-nb.de abrufbar.

Umschlagbild: © SimpleAnn – iStock

Alle Rechte vorbehalten
©2024 Edition Wissenschaft & Praxis
bei Duncker & Humblot GmbH, Berlin
Satz: Michael Haas
Druck: Prime Rate Kft., Budapest, Ungarn
Gedruckt auf FSC-zertifiziertem Papier

leicht gemacht® ist ein eingetragenes Warenzeichen

ISBN 978-3-87440-395-5 (Print)
ISBN 978-3-87440-795-3 (E-Book)

www.duncker-humblot.de

Inhalt

I. Grundlagen

Lektion 1: Grundzüge der Unternehmensbesteuerung............ 7
Lektion 2: Rechtsformen der Personengesellschaften............ 15

II. Konzept

Lektion 3: Einkunftsarten 25
Lektion 4: Einkünftezurechnung und -qualifikation 34
Lektion 5: Gewerbliche Mitunternehmerschaft 44

III. Laufende Besteuerung

Lektion 6: Betriebsvermögen der Personengesellschaft 57
Lektion 7: Wertkorrekturen durch Ergänzungsbilanzen........ 73
Lektion 8: Erste Stufe der Gewinnermittlung – Anteil am
  Gesellschaftsgewinn........................... 81
Lektion 9: Zweite Stufe der Gewinnermittlung –
  Sonderbilanzgewinn........................... 96
Lektion 10: Steuerliche Gewinn- und Verlustverteilung 112
Lektion 11: Ertragsbesteuerung ausgeschütteter und
  thesaurierter Gewinne......................... 126
Lektion 12: Besteuerung des gewerblichen Gewinns
  (Gewerbesteuer) 136

IV. Sonderfragen

Lektion 13: Verluste des Kommanditisten (§ 15a EStG).......... 148
Lektion 14: Besonderheiten der GmbH & Co. KG 165
Lektion 15: Gründung und Umstrukturierungen............... 177

Sachregister... 191

Übersichten

Übersicht 1:	Steuerliche Behandlung von Personen- und Kapitalgesellschaften.	13
Übersicht 2:	Die stille Gesellschaft	23
Übersicht 3:	Grundstruktur der Besteuerung von Personengesellschaften	30
Übersicht 4:	Einkünftezurechnung und -qualifikation	35
Übersicht 5:	Auswirkungen der Einkünftequalifikation.	42
Übersicht 6:	Gewerbebetrieb kraft gewerblicher Betätigung (§ 15 Abs. 2 EStG).	51
Übersicht 7:	Steuerliches Gesellschaftsvermögen	63
Übersicht 8:	Abgrenzung der Betriebsvermögensbegriffe	64
Übersicht 9:	Kategorien von Sonderbetriebsvermögen	66
Übersicht 10:	Steuerrechtliches Betriebsvermögen gewerblicher Mitunternehmerschaften.	72
Übersicht 11:	Buchführungspflicht.	84
Übersicht 12:	Die erste Stufe der Gewinnermittlung – Anteil am Gesellschaftsgewinn	95
Übersicht 13:	Tätigkeitsvergütungen.	103
Übersicht 14:	Zweite Stufe der Gewinnermittlung – Sonderbilanzgewinn	110
Großübersicht 15:	Zweistufige steuerliche Gewinnermittlung.	111
Übersicht 16:	Gewinnverteilung bei Personengesellschaften	124
Übersicht 17:	Nicht entnommener Gewinn i.S.v. § 34a Abs. 2 EStG	130
Übersicht 18:	Ertragsteuerbelastung der Personengesellschaften.	135
Übersicht 19:	Gewerbesteuerliche Hinzurechnungen.	141
Übersicht 20:	Gewerbesteuerliche Kürzungen	145
Übersicht 21:	Haftsumme, Pflichteinlage, geleistete Einlage	149
Übersicht 22:	Mehrkontenmodelle	161
Übersicht 23:	Finanzplandarlehen.	163
Übersicht 24:	Verluste des Kommanditisten (§ 15a EStG)	164
Übersicht 25:	Typische GmbH & Co. KG.	166
Übersicht 26:	Gründung einer Personengesellschaft	178

I. Grundlagen

Lektion 1: Grundzüge der Unternehmensbesteuerung

Personengesellschaft oder Kapitalgesellschaft

Fall 1

KFZ-Meister V betreibt seinen Betrieb als Einzelunternehmer. Er möchte seinen Sohn S, der seine Meisterprüfung in einem Konkurrenzbetrieb abgelegt hat, in seinen Betrieb als gleichberechtigten Gesellschafter aufnehmen.

Welche Möglichkeiten stehen dem V zur Verfügung?

Grundsätzlich stehen dem V in Fall 1 folgende Alternativen mit ganz unterschiedlichen rechtlichen und steuerlichen Konsequenzen zur Verfügung:

▶ Gründung einer Personengesellschaft (z.B. OHG oder KG) mit V und S als Gesellschafter,

▶ Gründung einer Kapitalgesellschaft (z.B. GmbH) mit V und S als Gesellschafter.

Die hier angesprochenen Rechtsformen unterscheiden sich vor allem hinsichtlich der Haftung der Gesellschafter für die Schulden der Gesellschaft. Derzeit noch haftet der V als Einzelunternehmer persönlich und unbeschränkt. Gleiches gilt grundsätzlich für die Gesellschafter von Personengesellschaften, wie z.B. der offenen Handelsgesellschaft (OHG). Eine Ausnahme ist die Kommanditgesellschaft (KG), bei der zu unterscheiden ist zwischen den Komplementären, die persönlich und unbeschränkt haften sowie den Kommanditisten, deren Haftung für Schulden der KG auf ihre Einlage beschränkt ist. Gesellschafter einer Kapitalgesellschaft, wie z.B. der Gesellschaft mit beschränkter Haftung (GmbH) oder der Aktiengesellschaft (AG), haften hingegen nicht für Schulden der Gesellschaft.

Weitere Kriterien, die bei der Auswahl der Rechtsform eine Rolle spielen sind neben der Haftung u.a. der Gründungsaufwand, die Flexibilität in der rechtlichen Ausgestaltung, die Höhe des aufzubringenden Eigenkapitals, die Leitungsbefugnis, die Finanzierungsmöglichkeiten, die Publizitätspflichten und nicht zuletzt die Steuerbelastung. Allerdings ist die Steuerbelastung nur eines von vielen Kriterien, die in die Abwägungen jedes Einzelfalles einzubeziehen sind, um eine rationale Rechtsformwahl zu treffen. Welche Bedeutung den einzelnen Kriterien zukommt, kann nur individuell entschieden werden. Daher können keine allgemeingültigen Empfehlungen zur Rechtsformwahl gegeben werden.

Hinweis: *Nach den Zahlen des Statistischen Bundesamts sind ca. 60 % aller Unternehmen Einzelunternehmen, ca. 12 % werden als Personengesellschaft geführt und etwa 23 % aller Unternehmen haben die Rechtsform einer Kapitalgesellschaft (z.B. GmbH, AG).*

Steuern der Gesellschaften

Fall 2
Nachdem sich Kfz-Meister V über die alternativen Rechtsformen informiert hat, will er sich auch ein Bild über die Besteuerung dieser Rechtsformen machen. Daher sucht er seinen Steuerberater auf und bittet ihn um eine kurze Erläuterung, wie die Unternehmensgewinne bei Personengesellschaften einerseits und Kapitalgesellschaften andererseits besteuert werden.

Was wird der Steuerberater dem V berichten?

Auch für den sachverständigen Steuerberater ist es aufgrund der Komplexität des Ertragsteuerrechts nicht einfach, diese Frage in der gebotenen Kürze verständlich und zugleich möglichst umfassend zu beantworten.

Diese Komplexität ist vor allem dem Umstand geschuldet, dass mehrere ganz unterschiedliche Steuerarten (Einkommensteuer, Gewerbesteuer, Körperschaftsteuer, Abgeltungssteuer und der Solidaritätszuschlag) bei der Unternehmensbesteuerung zusammenwirken.

Des Weiteren besitzt die Personengesellschaft im Gegensatz zur Kapitalgesellschaft im deutschen Steuerrecht keine allgemeine

Rechtspersönlichkeit und ist daher grundsätzlich kein eigenständiges Steuersubjekt (= Steuerpflichtiger). Dies führt dazu, dass die Besteuerung von Personen- und Kapitalgesellschaften ganz unterschiedlichen Besteuerungskonzepten folgt. Allerdings wird dieser Umstand insofern relativiert, als die Personengesellschaft Steuersubjekt bei der Gewerbesteuer, Grundsteuer, Umsatzsteuer und den sonstigen Verkehr- und Verbrauchsteuern ist. Man spricht in diesem Zusammenhang auch von einer „relativen Rechtsfähigkeit", die eine Steuerpflicht bei einigen Steuerarten bewirkt.

Hinweis: *Auf Antrag können sich Personenhandelsgesellschaften (OHG, KG) gem. § 1a KStG für die Besteuerung ihrer Gewinne wie eine Kapitalgesellschaft und ihre Gesellschafter behandeln lassen.*

Schließlich werden schuldrechtliche Verträge zwischen Personengesellschaften und ihren Gesellschaftern (z.B. Berater-, Geschäftsführer-, Darlehens- oder Mietverträge) steuerlich nicht anerkannt. D.h. Zahlungen, die aus solchen Verträgen resultieren, mindern den steuerpflichtigen Gewinn der Gesellschaft nicht und unterliegen deshalb beim Gesellschafter der Besteuerung im Rahmen der Einkünfte aus Gewerbebetrieb. Schuldrechtliche Verträge zwischen Kapitalgesellschaften und ihren Gesellschaftern werden steuerlich anerkannt, da sie zwischen zwei verschiedenen Rechtspersonen (Kapitalgesellschaft = juristische Person und Gesellschafter = natürliche Person) abgeschlossen werden. Die Kapitalgesellschaft hat insofern z.B. Personalaufwand oder Mietaufwand und ihre Gesellschafter z.B. Einkünfte aus nichtselbständiger Arbeit oder Vermietung und Verpachtung.

Im Fall 2 wird der Steuerberater die unterschiedliche steuerliche Behandlung von Personen- und Kapitalgesellschaften etwa wie folgt erläutern:

Durchgriffsbesteuerung bei Personengesellschaften

Aufgrund der Tatsache, dass Personengesellschaften grundsätzlich keine eigenen Steuersubjekte sind, kann die Steuerpflicht der Gewinne nur auf die Ebene der Gesellschafter entstehen. Dieses „Überspringen" der Gesellschaftsebene auf die Ebene der Gesellschafter bei Personengesellschaften bezeichnet man auch als „Durchgriffsbesteuerung", die dem sog. Transparenzprinzip folgt.

Der Gewinn der Personengesellschaft ist also auf der Ebene der Gesellschafter der Einkommensteuer zu unterwerfen. Bei mehreren Gesellschaftern wird der Gewinn auf die Gesellschafter aufgeteilt. Nach dem derzeitig geltenden progressiven Einkommensteuertarif entsteht in der Spitze eine Steuerbelastung von 45 % zuzüglich Solidaritätszuschlag (SolZ) in Höhe von 5,5 % auf die zu zahlende Einkommensteuer.

Für einbehaltene Gewinne besteht eine Sonderregelung. Sie können auf Antrag einem besonderen Steuersatz von 28,25 % zzgl. SolZ unterworfen werden (sog. Thesaurierungsbesteuerung). Bei späterer Entnahme der so besteuerten Gewinne, unterliegen diese einem besonderen Steuersatz von 25 % zzgl. SolZ.

Lediglich die Gewerbesteuer, die als sog. Objektsteuer den Betrieb als solchen besteuert, fällt auf der Ebene der Personengesellschaft an. Bemessungsgrundlage der Gewerbesteuer ist der Gewerbeertrag. Die Belastung der Personengesellschaft mit Gewerbesteuer wird allerdings durch einen Freibetrag von 24.500 € und eine Ermäßigung der Einkommensteuer bei den Gesellschaftern deutlich gemildert.

Leitsatz 1

Durchgriffsbesteuerung bei Personengesellschaften

Personengesellschaften zahlen keine Einkommensteuer. Der von der Personengesellschaft erwirtschaftete Gewinn wird bei den Gesellschaftern anteilig der **Einkommensteuer** (zzgl. SolZ) unterworfen. Für einbehaltene Gewinne existieren Sonderregelungen.

Lediglich die **Gewerbesteuer** fällt auf der Ebene der Personengesellschaft an. Die Belastung mit Gewerbesteuer wird durch einen **Freibetrag von 24.500 €** und einer **Ermäßigung der Einkommensteuer** bei den Gesellschaftern deutlich gemildert.

Doppelbesteuerung bei Kapitalgesellschaften

Im Gegensatz zu Personengesellschaften sind Kapitalgesellschaften aufgrund ihrer eigenen Rechtspersönlichkeit (juristische Person) selbst Steuersubjekt. Die von ihnen erwirtschafteten Gewinne werden zunächst von der juristischen Person versteuert. Erst wenn die Gesellschaft

Ausschüttungen an die Gesellschafter vornimmt, entstehen bei diesen Einkünfte, die im Jahr des Zuflusses der Einkommensteuer unterliegen.

Damit kommt es grundsätzlich zu einer Doppelbesteuerung, da sowohl auf der Gesellschaftsebene als auch auf der Ebene der Gesellschafter eine Besteuerung erfolgt.

Auf der Gesellschaftsebene unterliegen die Gewinne einer Kapitalgesellschaft unabhängig von ihrer Höhe der Körperschaftsteuer (KSt) in Höhe von 15% zzgl. 5,5% SolZ auf die zu zahlende Körperschaftsteuer (5,5% von 15% = 0,825%) und darüber hinaus der Gewerbesteuer.

Auf der Gesellschafterebene unterliegen Gewinnausschüttungen entweder der Abgeltungsteuer in Höhe von 25% zzgl. SolZ oder, falls dies für den Gesellschafter günstiger ist, der tariflichen Einkommensteuer (sog. Günstiger-Prüfung).

Eine Ausnahme von dieser Regelung kommt in Frage, wenn der Gesellschafter seine Beteiligung aus unternehmerischem Interesse erworben hat: Ist der Gesellschafter zu mindestens 25% an der Kapitalgesellschaft beteiligt oder zu mindestens 1% beteiligt und für die Kapitalgesellschaft beruflich tätig, kann er die Regelbesteuerung wählen (optieren), d.h. dass 40% der Ausschüttung von der Einkommensteuer freigestellt sind (sog. Teileinkünfteverfahren = 60% steuerpflichtig).

Mit diesen Steuererleichterungen (niedriger Abgeltungsteuersatz bzw. Teileinkünfteverfahren) ist vom Gesetzgeber eine pauschale Berücksichtigung der Vorbelastung der Gewinne mit Körperschaftsteuer beabsichtigt, so dass die Doppelbesteuerung gemildert wird.

Im Fall 2 wären V und S zu jeweils 50% an der GmbH beteiligt. Mithin hätten sie im Falle einer Gewinnausschüttung die Wahl (1) den vollen Ausschüttungsbetrag der Abgeltungsteuer i.H.v. 25% zu unterwerfen (bzw. falls günstiger, der tariflichen Einkommensteuer) oder (2) zum Teileinkünfteverfahren zu optieren, nach dem lediglich 60% der Ausschüttung steuerpflichtig wäre.

Hinweis: *Der im allgemeinen Sprachgebrauch verwendete Begriff „Abgeltungsteuer" wird im Gesetz nicht verwendet. Genauer handelt sich um eine Kapitalertragsteuer mit abgeltender Wirkung gem. § 43 Abs. 5*

S. 1 EStG für die nach § 32d EStG ein gesonderter Steuertarif von 25 % zzgl. SolZ gilt.

> **Leitsatz 2**
>
> **Doppelbesteuerung bei Kapitalgesellschaften**
>
> Bei Kapitalgesellschaften unterliegt der Gewinn auf der Ebene der Gesellschaft der **Körperschaftsteuer** (zzgl. SolZ) und der **Gewerbesteuer**. Im Falle von Ausschüttungen werden diese auf der Ebene der Gesellschafter entweder
>
> ▶ mit der sog. **Abgeltungsteuer (zzgl. SolZ) oder**
> ▶ der **tariflichen Einkommensteuer** zzgl. SolZ (falls günstiger)
>
> besteuert.
>
> Bei „unternehmerischem Interesse" besteht zusätzlich die Möglichkeit, zur Regelbesteuerung **(Teileinkünfteverfahren = 60 % steuerpflichtig)** zu optieren.

Hinweis: *In den hier vorliegenden Fällen 1 und 2 sollen die Gesellschaftsanteile jeweils im Privatvermögen der Gesellschafter V und S gehalten werden. Befinden sich die Anteile an einer Kapitalgesellschaft im Betriebsvermögen einer Personengesellschaft oder einer weiteren Kapitalgesellschaft, greifen Sonderregelungen, die später behandelt werden.*

Fall 3

Die Unternehmer A, B und C überlegen, welche Rechtsform sie für ihr Unternehmen wählen sollen. Sie rechnen in den ersten Jahren mit hohen Anlaufverlusten.

Zu welcher Rechtsform raten Sie?

Im Falle von Verlusten unterscheiden sich Personengesellschaften und Kapitalgesellschaften insofern, als bei Personengesellschaften aufgrund des Durchgriffs auf die Ebene der Gesellschafter Verluste grundsätzlich im Jahr ihrer Entstehung mit anderen positiven Einkünften verrechnet werden können. Die Verluste einer Kapitalgesellschaft verbleiben dagegen auf der Ebene der Kapitalgesellschaft. Sie sind den Gesellschaftern grundsätzlich nicht zurechenbar.

Im Fall 3 ist den Unternehmern aus steuerlicher Sicht zu empfehlen, eine Personengesellschaft (z.B. OHG) zu gründen, da es dann möglich sein wird, die erwarteten Anlaufverluste der ersten Jahre jeweils im Jahr ihrer Entstehung den Gesellschaftern zuzurechnen und mit anderen positiven Einkünften steuermindernd zu verrechnen.

Hinweis: *Bei einer Kommanditgesellschaft ist die Verlustverrechnung der Kommanditisten beschränkt. Dazu mehr in Lektion 13.*

Die nachfolgende Übersicht gibt Ihnen noch einmal einen Überblick über die wesentlichen Unterschiede der Besteuerung von Personen- und Kapitalgesellschaften.

Übersicht 1: Steuerliche Behandlung von Personen- und Kapitalgesellschaften

	Personengesellschaft	Kapitalgesellschaft
Gewinne der Gesellschaft (**Gesellschaftsebene**)	– **Feststellung** der Gewinnanteile und **Zurechnung** auf die einzelnen Gesellschafter – **Gewerbesteuer**	– **Körperschaftsteuer** 15% (zzgl. SolZ) – **Gewerbesteuer**
Einkünfte der Gesellschafter (**Gesellschafterebene**)	– **Einkommensteuer** (zzgl. SolZ) auf zuzurechnende Gewinnanteile und **Ermäßigung** der Einkommensteuer durch eine pauschalierte Anrechnung der Gewerbesteuer – auf Antrag **Thesaurierungsbesteuerung** mit Nachversteuerung bei späterer Entnahme	– **Abgeltungsteuer** 25% (zzgl. SolZ) oder, falls günstiger, **tarifliche Einkommensteuer** (zzgl. SolZ) bei Gewinnausschüttungen an die Gesellschafter – auf Antrag **Teileinkünfteverfahren** (= 60% steuerpflichtig) bei Beteiligung aus „unternehmerischem Interesse"

Schuldrechtliche Verträge zwischen Gesellschaft und Gesellschafter	**Keine Anerkennung**, z.B. an Gesellschafter gezahlter Arbeitslohn mindert nicht den steuerlichen Gewinn der Gesellschaft	**Anerkennung**, z.B. an Gesellschafter gezahlter Arbeitslohn mindert als Betriebsausgabe den steuerlichen Gewinn der Gesellschaft
Verluste	**Verrechnung** mit positiven Einkünften der Gesellschafter	**Verbleib** auf der Ebene der Kapitalgesellschaft und Verrechnung mit Gewinnen früherer oder späterer Jahre

Lektion 2: Rechtsformen der Personengesellschaften

Begriff der Rechtsform

Die Rechtsform einer Personengesellschaft ist ein System rechtlicher Regelungen, mit dem die Beziehungen zwischen Eigentümern und Unternehmen, zwischen Unternehmen und Außenstehenden sowie zwischen den Eigentümern untereinander festgelegt werden.

Rechtsformen im Überblick

Personengesellschaften kommen in der Praxis meist in den folgenden Rechtsformen vor:

- ▶ Gesellschaft bürgerlichen Rechts
  (kurz: GbR oder BGB-Gesellschaft; §§ 705 ff. BGB)

- ▶ Offene Handelsgesellschaft
  (OHG; §§ 105 ff. HGB)

- ▶ Kommanditgesellschaft (KG) und GmbH & Co. KG
  (§§ 161 ff. HGB)

- ▶ Stille Gesellschaft
  (stG; §§ 230 ff. HGB)

- ▶ Partnerschaftsgesellschaft
  (PartG; §§ 1 ff. PartGG)

OHG, KG und GmbH & Co. KG werden auch unter dem Oberbegriff Handelsgesellschaften zusammengefasst. In diesen Fällen spricht man daher auch von Personenhandelsgesellschaften.

Wesen von Personengesellschaften

Gemeinsam ist den Personengesellschaften, dass es sich um auf Dauer angelegte privatrechtliche Vereinigungen von mindestens zwei (natürlichen oder juristischen) Personen zur Erreichung eines gemeinsamen Zwecks handelt, die durch eine rechtsgeschäftliche Vereinbarung (Gesellschaftsvertrag) begründet wird.

Kennzeichnend für Personengesellschaften war in den letzten Jahrzehnten, dass es sich um Gemeinschaften zur gesamten Hand (Gesamthandsgemeinschaften) handelt. Beiträge, die die Gesellschafter zur Erreichung des Gesellschaftszwecks leisten (Geld oder Sachwerte) gehen in das gesamthänderisch gebundene Sondervermögen der Gesamthandsgemeinschaft (Gesamthandsvermögen) ein, das grundsätzlich von allen Gesellschaftern gemeinschaftlich verwaltet wird.

Diese Vorstellung vom gesamthänderisch gebundenen Vermögen ist mit Umsetzung des Gesetzes zur Modernisierung des Personengesellschaftsrechts (MoPeG) ab dem Jahr 2024 überholt. Außer etwa für Erbengemeinschaften oder eheliche Gütergemeinschaften tritt an die Stelle des Gesamthandsvermögens die Existenz eigenen Gesellschaftsvermögens der Personengesellschaften.

Leitsatz 3

Gesellschaftsvermögen

Personengesellschaften können **eigenes** Gesellschaftsvermögen erwerben, sie werden damit selbst Vermögensträgerinnen.

Nachfolgend werden die aufgezeigten Personengesellschaften anhand kurzer Fälle erläutert. Es geht los mit der Gesellschaft bürgerlichen Rechts.

Gesellschaft bürgerlichen Rechts

 Fall 4

Informatikstudent I will neben seinem Studium Computer verkaufen und für die Benutzer einrichten. Da er sich mit den erforderlichen Aufzeichnungen für das Finanzamt nicht auskennt, will er sich mit dem Steuerfachgehilfen S zusammentun, um die gewerbliche Tätigkeit gemeinschaftlich auszuüben.

Lektion 2: Rechtsformen der Personengesellschaften

Welche Rechtsform ist hier geeignet?

Die Gesellschaft bürgerlichen Rechts (GbR) ist der Grundtypus aller Personengesellschaften. Sie ist eine gesellschaftsvertragliche Vereinigung von mindestens zwei Personen zur Erreichung eines gemeinsamen Zwecks (§§ 705 - 740c BGB). Die Gesellschafter haften mit ihrem Vermögen den Gläubigern unbeschränkt.

Die GbR ist anders als OHG und KG keine typische Rechtsform für Unternehmen. Ihre Bedeutung beruht auf der Vielfalt der Zwecke für die sie verwendet werden kann. Da der Gesellschaftsvertrag grundsätzlich formfrei und damit auch stillschweigend und konkludent abgeschlossen werden kann, kommen im Alltag zahlreiche Gelegenheitsgesellschaften zustande. Oft sind sich die Beteiligten hierüber gar nicht bewusst. Beispiele für solche Gelegenheitsgesellschaften des täglichen Lebens sind Fahrgemeinschaften auf gemeinsame Rechnung, Tippgemeinschaften im Lotto oder gemeinsame Ferienreisen. Weitere Anwendungsfelder in unternehmerischen Bereichen sind Sozietäten von Freiberuflern (z.B. Ärzte, Rechtsanwälte, Steuerberater), Joint Ventures, Immobilienverwaltungsgesellschaften oder Bauherrngemeinschaften.

Aber auch für das geplante kleingewerbliche Unternehmen (hier: nebenberufliche Tätigkeit in geringem Umfang) im Fall 4 ist die GbR eine geeignete Rechtsform. Die Gründung ist mit nur geringen Kosten verbunden, da der Gesellschaftsvertrag nicht notariell beurkundet werden muss. Trotz der geringen bürokratischen Hürden können die beiden Gesellschafter ihrer Gesellschaft für den Geschäftsverkehr mit Dritten einen Namen geben und, obwohl die GbR keine juristische Person ist, ist sie gleichwohl eigenständiges Rechtssubjekt. Sie kann Rechte erwerben, Pflichten eingehen und ist in Prozessen parteifähig.

Im Gesetz wird unterschieden zwischen einer rechtsfähigen Außengesellschaft (§§ 706 - 739 BGB) und einer nicht rechtsfähigen Innengesellschaft (§§ 740 - 740c BGB). Zu einer rechtsfähigen Außengesellschaft wird die GbR, wenn sie nach dem gemeinschaftlichen Willen der Gesellschafter am Rechtsverkehr teilnehmen soll.

Die rechtsfähige Außengesellschaft hat die Möglichkeit, sich in ein Gesellschaftsregister (§§ 706 ff. BGB) eintragen zu lassen und den

Namenszusatz „eingetragene Gesellschaft bürgerlichen Rechts" oder „eGbR" zu führen.

Eine solche Eintragung können auch I und S in Fall 4 vornehmen lassen, es ändert ihren Status als Kleingewerbe jedoch nicht, es wird dadurch nicht zu einem kaufmännischen Handelsgewerbe i.S.d. HGB. Zu diesem kommen wir jetzt.

> ## Leitsatz 4
>
> ### Gesellschaft bürgerlichen Rechts (GbR)
>
> Die GbR (auch: BGB-Gesellschaft) ist eine **gesellschaftsvertragliche Vereinigung** von mindestens zwei Personen **zur Erreichung eines gemeinsamen Zwecks**, deren Gesellschafter gegenüber den Gläubigern der Gesellschaft mit ihrem gesamten Vermögen **unbeschränkt haften**. Eignung insbesondere für Gelegenheitsgesellschaften des täglichen Lebens, Kleingewerbetreibende und Sozietäten von Freiberuflern.

Handelsgesellschaften (OHG, KG, GmbH & Co. KG)

Fall 5

Weinhändler W führt seit mehreren Jahren einen bedeutenden Weingroßhandel. Mit seinem Prokuristen P ist er zu dem Entschluss gekommen, gemeinsam eine Handelsgesellschaft zu gründen. Da P erst vor kurzer Zeit eine nicht unbeträchtliche Erbschaft zugefallen ist, legt er besonderen Wert darauf, dass er nicht mit seinem Privatvermögen für Schulden der Gesellschaft haftet.

Welche Rechtsformen kommen für die neu zu gründende Gesellschaft in Frage?

Gewerbebetriebe, die nach Art und Umfang ihrer Betätigung einen in kaufmännischer Weise eingerichteten Geschäftsbetrieb benötigen, betreiben ein Handelsgewerbe (§ 1 Abs. 2 HGB). Anhaltspunkte für einen solchen kaufmännischen Geschäftsbetrieb sind insbesondere Umsatz, Warenangebot, Mitarbeiterzahl, Kunden- und Lieferantenzahl.

Abzugrenzen vom Handelsgewerbe ist demnach das kleingewerbliche Unternehmen von I und S aus unserem Fall 4. I und S sind zwar mit ihrem Unternehmen gewerblich tätig, sie benötigen jedoch aufgrund der Art und des Umfangs ihrer Betätigung keinen in kaufmännischer Weise eingerichteten Geschäftsbetrieb.

Der Zusammenschluss mehrerer Personen, die zusammen ein Handelsgewerbe betreiben, ist eine Handelsgesellschaft. Wie oben bereits angesprochen unterscheidet man bei den Handelsgesellschaften insbesondere zwischen den Rechtsformen OHG, KG und GmbH & Co. KG.

Gemeinsam ist diesen Personenhandelsgesellschaften, dass sie im Geschäftsleben unter frei gewählten Namen (Firma) auftreten können. Der Gesellschaftsvertrag bedarf grundsätzlich keiner bestimmten Form und es besteht weitgehende Vertragsfreiheit hinsichtlich des Inhalts. Im Gegensatz zur GbR müssen Handelsgesellschaften in das Handelsregister eingetragen werden (§§ 106, 123 Abs. 1 HGB).

Wichtige Unterschiede zwischen den hier angesprochenen Gesellschaftsformen betreffen die Haftung. Mithin werden im Fall 5 diese Unterschiede zu den entscheidenden Auswahlkriterien von W und P gehören.

Die Gesellschafter einer Offenen Handelsgesellschaft (OHG) haften für die Verbindlichkeiten der Gesellschaft unbegrenzt auch mit ihrem Privatvermögen. Infolge dieser Haftungsstruktur gilt die OHG als besonders kreditwürdig. Sie ist geeignet für gleichberechtigte Partner, die alle in der Gesellschaft tätig werden wollen.

Leitsatz 5

Offene Handelsgesellschaft (OHG)

Die OHG ist eine **Personenhandelsgesellschaft** deren Zweck auf den **Betrieb eines Handelsgewerbes** unter gemeinschaftlicher Firma gerichtet ist und deren Gesellschafter für die Verbindlichkeiten der Gesellschaft **mit ihrem Gesamtvermögen unbegrenzt haften**. Eignung für kaufmännische Geschäftsbetriebe mit gleichberechtigten Partnern.

Bei der Kommanditgesellschaft (KG) wird hinsichtlich der Haftung zwischen

- ▶ dem Komplementär (= Vollhafter) und
- ▶ dem Kommanditisten (= Teilhafter)

unterschieden.

Insofern übernimmt mindestens ein Gesellschafter (als Komplementär) die unbeschränkte Haftung wie ein OHG-Gesellschafter.

Daneben haften ein oder mehrere Gesellschafter als Kommanditisten nur beschränkt auf ihre jeweilige Einlage. Die Kommanditisten unterliegen also einer Haftungsbeschränkung. Sie haften nur mit ihrer Einlage, nicht hingegen mit ihrem Privatvermögen. Dazu später in Lektion 13 mehr.

Die KG ist insbesondere dann geeignet, wenn sich ein oder mehrere Gesellschafter mit begrenztem Haftungsrisiko kapitalmäßig beteiligen und in der Gesellschaft nicht tätig sein wollen (z.B. Erben eines bisher voll haftenden Gesellschafters).

Leitsatz 6

Kommanditgesellschaft (KG)

Die KG ist eine **Personenhandelsgesellschaft** deren Zweck auf den **Betrieb eines Handelsgewerbes** unter gemeinschaftlicher Firma gerichtet ist und deren Gesellschafterkreis wie folgt zusammengesetzt ist:

- ▶ mindestens ein unbeschränkt haftender Gesellschafter (**Komplementär**),
- ▶ ein oder mehrere Gesellschafter, deren Haftung auf ihre Einlage beschränkt ist (**Kommanditisten**).

Eignung für kaufmännische Geschäftsbetriebe in denen einzelne Gesellschafter nur begrenzt haften wollen.

Mit der Übernahme der Komplementärstellung in einer KG durch eine GmbH entsteht eine GmbH & Co. KG. Die GmbH & Co. KG ist also eine Personenhandelsgesellschaft deren unbeschränkt haftender Komplementär eine GmbH ist. Typischerweise sind die Kommanditisten der KG auch gleichzeitig die Gesellschafter der GmbH. Im Ergebnis bleibt die Haftung der beteiligten natürlichen Personen auf die Kapitaleinlage (aufgesplittet in Kommandit- und GmbH-Einlage) beschränkt. Mithin haftet keiner der Gesellschafter mit seinem Privatvermögen.

> ## Leitsatz 7
>
> **GmbH & Co. KG**
>
> Die GmbH & Co. KG ist eine **Sonderform der KG**, bei der eine **GmbH** die **Stellung des alleinigen Komplementärs** in der KG einnimmt. Idealtypisch sind die Kommanditisten der KG die Gesellschafter der Komplementär-GmbH. Aufgrund des Fehlens einer natürlichen Person als Vollhafter spricht man auch von einer **haftungsbeschränkten Personenhandelsgesellschaft**. Eignung für kaufmännische Geschäftsbetriebe in denen die Gesellschafter nur begrenzt haften wollen.

Im Fall 5 wird P vor dem Hintergrund der Haftung mit seinem Privatvermögen als OHG-Gesellschafter oder Komplementär einer KG die Rechtsform der GmbH & Co. KG favorisieren. Dazu werden W und P Kommanditisten der neu zu gründenden KG. Die Komplementärstellung wird eine neu zu gründende GmbH einnehmen, deren Gesellschafter ebenfalls W und P werden. Vertretung und Geschäftsführung der KG liegen bei der Komplementär-GmbH, wobei beides durch deren Geschäftsführer W und P ausgeübt werden kann. Die Komplementär-GmbH wird aufgrund ihrer verwaltenden Tätigkeit (Vertretung und Geschäftsführung der KG) auch als Verwaltungs-GmbH bezeichnet.

Im Ergebnis haften weder W noch P den Gläubigern der Gesellschaft mit ihrem Privatvermögen. Im Falle eines Konkurses verlieren sie lediglich ihre Einlagen bei der KG und der Komplementär-GmbH.

Stille Gesellschaft (stG)

Fall 6
Die Brüder A und B führen in der Rechtsform der OHG seit Jahren erfolgreich eine Antikwerkstatt, in der sie antike Möbelstücke einkaufen und

für Kunden aufbereiten. Bruder C will sich nach einem üppigen Lottogewinn am Unternehmen seiner Brüder beteiligen. An einer Mitarbeit ist der Müßiggänger aber nicht interessiert, auch möchte er nach außen nicht in Erscheinung treten.

Wie kann er sich dennoch am Unternehmen seiner Brüder beteiligen?

Für den Fall 6 bietet es sich an, den C mit einer Geldeinlage aus seinem Lottogewinn als stillen Gesellschafter zu beteiligen. Die stille Gesellschaft (auch: stille Beteiligung) entsteht dadurch, dass sich eine natürliche oder juristische Person oder eine Personengesellschaft durch eine Vermögenseinlage (z.B. Geld, Sachvermögen, Nutzungsrechte) am Handelsgewerbe einer anderen Person oder anderer Personen beteiligt, ohne nach außen in Erscheinung zu treten.

Wichtigstes Merkmal der stillen Gesellschaft ist, dass es sich um eine reine Innengesellschaft handelt und diese Innengesellschaft keine Handelsgesellschaft ist. Zwischen den Inhabern des Handelsgewerbes und dem sich hieran beteiligenden stillen Gesellschafter besteht eine rein schuldrechtliche Beziehung. Vereinbarungen z.B. über Anteile am Gewinn und/oder Verlust, Beteiligung am Vermögen oder Kontrollrechte sind frei wählbar.

Übersicht 2: Die stille Gesellschaft

Die **stille Gesellschaft** (stG) ist eine Gesellschaft bei der sich jemand an dem Handelsgewerbe eines anderen derart beteiligt, dass seine **Vermögenseinlage** in das Vermögen des Handelsgewerbebetreibenden übergeht.

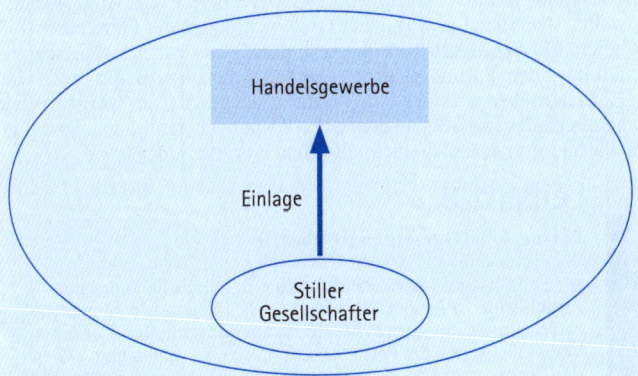

- Es handelt sich um eine **reine Innengesellschaft**.
- Es ist keine Handelsgesellschaft.
- Es besteht eine rein **schuldrechtliche Beziehung**.
- Vereinbarungen z.B. über Anteile am **Gewinn** und/oder **Verlust**, Beteiligung am Vermögen oder Kontrollrechte werden frei getroffen.

Partnerschaftsgesellschaft (PartG)

Fall 7

Die Steuerberater P und J wollen sich zusammenschließen, um für Ihre Mandanten insgesamt ein noch breiteres Beratungsspektrum anbieten zu können.

Können P und J eine OHG oder eine KG für ihre gemeinsame Berufsausübung gründen?

Die Gründung einer Handelsgesellschaft (insbesondere OHG und KG) bedarf einer gewerblichen Betätigung. Die Steuerberater P und J im Fall 7 betreiben jedoch kein Gewerbe sondern sind Freiberufler. Sie können sich daher nicht als Handelsgesellschaft zusammenschließen.

Ein Zusammenschluss von Angehörigen freier Berufe (z.B. Ärzte, Rechtsanwälte, Steuerberater) war daher lange Zeit nur in der Form einer GbR möglich. Mit der Möglichkeit der Gründung einer Partnerschaftsgesellschaft nach dem Partnerschaftsgesellschaftsgesetz (PartGG) ist auch eine Personengesellschaftsform für Freiberufler geschaffen worden. Viele Regelungen des PartGG sind dem OHG-Recht nachempfunden. So haften die Partner grundsätzlich auch mit ihrem Privatvermögen.

Leitsatz 8

Partnerschaftsgesellschaft (PartG)

Die Partnerschaftsgesellschaft ist eine Gesellschaft, in der sich **Angehörige freier Berufe** (z.B. Ärzte, Rechtsanwälte, Steuerberater) zur Ausübung ihrer Berufe **zusammenschließen**. Für die Verbindlichkeiten der Partnerschaft haften den Gläubigern neben der Partnerschaftsgesellschaft grundsätzlich auch die Partner mit ihrem Privatvermögen.

II. Konzept

Lektion 3: Einkunftsarten

Vermögensverwaltende Personengesellschaften

▰ Fall 8

A und B gründen die Vermietungs-GbR und legen mehrere Mietshäuser in das Gesellschaftsvermögen ein. Die Gesellschaft vermietet die Häuser an verschiedene Mieter.

Welche Art von Einkünften erzielt die Vermietungs-GbR?

Wie auch bei natürlichen Personen hängt die ertragsteuerliche Behandlung der von Personengesellschaften erzielten Einkünfte von der Art der Einkünfte ab. Dabei können Personengesellschaften sowohl Überschusseinkünfte (§ 2 Abs. 1 Nr. 5-7 EStG: Einkünfte aus Kapitalvermögen, Einkünfte aus Vermietung und Verpachtung oder sonstige Einkünfte) als auch Gewinneinkünfte (§ 2 Abs. 1 Nr. 1-3 EStG: Einkünfte aus Land- und Forstwirtschaft, Einkünfte aus Gewerbebetrieb oder Einkünfte aus selbständiger Arbeit) erzielen.

Hinweis: Im Wesentlichen ist der „Dualismus" zwischen Überschuss- und Gewinneinkunftsarten historisch begründet und führt zu unterschiedlichen Buchführungs- und Aufzeichnungspflichten. So ergeben sich die Einkünfte bei den Überschusseinkünften als Differenz zwischen Einnahmen (§ 8 EStG) und Werbungskosten (§§ 9, 9a EStG). Bei den Gewinneinkunftsarten gilt i.d.R. Gewinn = Betriebsvermögen am Jahresende ./. Betriebsvermögen am Jahresanfang + Entnahmen ./. Einlagen (§ 4 Abs. 1 Satz 1 EStG) oder aber Gewinn = Betriebseinnahmen ./. Betriebsausgaben (§ 4 Abs. 3 Satz 1 EStG).

Erzielt eine Personengesellschaft ausschließlich Überschusseinkünfte, spricht man von einer vermögensverwaltenden Personengesellschaft. Solche Gesellschaften unterliegen nicht der Gewerbesteuer, da sie nicht gewerblich tätig sind.

Im Fall 8 vermietet die Vermietungs-GbR unbewegliches Vermögen (hier: Grundbesitz) an Mieter und erzielt damit Einkünfte aus Vermietung und Verpachtung (§ 21 Abs. 1 Nr. 1 EStG). Die Einkünfte der GbR als Differenz zwischen Mieteinnahmen und Werbungskosten (u.a. Erhaltungsaufwendungen, Absetzungen für Abnutzung (AfA), Grundbesitzabgaben) werden den Gesellschaftern A und B anteilig im Verhältnis des vereinbarten Verteilungsschlüssels zugerechnet. Mithin wird das Vermögen der Gesellschaft gedanklich aufgelöst und dem Privatvermögen der Gesellschafter nach Maßgabe ihrer Beteiligungsquote anteilig zugerechnet (§ 39 Abs. 2 Nr. 2 AO).

> ## Leitsatz 9
> ### Vermögensverwaltende Personengesellschaften
>
> Eine Personengesellschaft, die **ausschließlich Überschusseinkünfte** erzielt (z.B. durch Vermietung von Grundbesitz), wird als vermögensverwaltende Personengesellschaft bezeichnet, die **kein Gewerbebetrieb** ist und somit nicht der Gewerbesteuer unterliegt.

Die Vermietung und Verpachtung von unbeweglichem Vermögen ist also grundsätzlich private Vermögensverwaltung und keine gewerbliche Tätigkeit. Dies trifft auch dann zu, wenn der vermietete Grundbesitz sehr umfangreich ist, der Umgang mit den Mietern erheblichen Verwaltungsaufwand erfordert und/oder die vermieteten Räumlichkeiten gewerblichen Zwecken dienen.

Gewinneinkünfte erzielende Personengesellschaften

Fall 9
Die KFZ-Meister C und D gründen die CD-OHG und wollen eine Autoreparaturwerkstatt in Kassel betreiben. Dazu mietet die OHG ein Grundstück mit einer aufstehenden Halle an. Die erforderlichen Hebebühnen, Werkzeuge etc. erwirbt die OHG aus einer Konkursmasse. Zur „Verstärkung" werden noch weitere Mitarbeiter für die Werkstatt und die anfallenden Büroarbeiten angestellt. Wie die neuen Mitarbeiter beziehen auch C und D ein monatliches Gehalt von der OHG.

Welche Einkunftsarten erzielen C und D und wie werden die Einkünfte verfahrensrechtlich festgestellt und den Gesellschaftern zugerechnet?

Zu unterscheiden sind die vermögensverwaltenden Personengesellschaften von Personengesellschaften, die einen Betrieb zum Gegenstand haben und daher Gewinneinkünfte, also Einkünfte aus Land- und Forstwirtschaft, Gewerbebetrieb oder selbständiger Arbeit erzielen.

Im Rahmen der Gewinneinkünfte erfolgt keine (gedankliche) anteilige Zurechnung des Gesellschaftsvermögens auf die Gesellschafter. Wirtschaftsgüter, die im Eigentum der Personengesellschaft stehen, sind Betriebsvermögen der Gesellschaft. Dies hat die bedeutsame Folge, dass etwaige Veräußerungsgewinne aus diesen Wirtschaftsgütern stets der Besteuerung unterliegen.

Hinweis: *Veräußerungsgewinne im Privatvermögen unterliegen der Besteuerung in den Fällen der Veräußerung von Anteilen an Kapitalgesellschaften (§ 17 Abs. 1 Satz 1 EStG und § 20 Abs. 2 EStG) sowie bei privaten Veräußerungsgeschäften innerhalb gewisser Fristen i.S.v. § 23 EStG.*

Leitsatz 10

Gewinneinkünfte erzielende Personengesellschaften

Personengesellschaften, die einen **Betrieb zum Gegenstand** haben und daher Gewinneinkünfte (Einkünfte aus Land- und Forstwirtschaft, Gewerbebetrieb oder selbständiger Arbeit) erzielen, werden als Gewinneinkünfte erzielende Personengesellschaften bezeichnet. Ist der Betrieb ein **Gewerbebetrieb** unterliegt er der **Gewerbesteuer**.

Bei den Gewinneinkünfte erzielenden Personengesellschaften ist für steuerliche Zwecke eine weitere Unterscheidung zu treffen: Einerseits können Gesellschafter als Mitunternehmer des Betriebs i.S.v. § 15 Abs. 1 Nr. 2 EStG (Regelfall) oder andererseits lediglich als Kapitalanleger zu qualifizieren sein.

Gesellschafter ist Mitunternehmer

Der Mitunternehmer ist anteilig am Betriebsvermögen und am Gewinn der Personengesellschaft beteiligt. Je nach Art des Betriebes erzielt der Mitunternehmer Einkünfte aus Land- und Forstwirtschaft, Gewerbebetrieb oder selbständiger Arbeit.

(Sonder-)Vergütungen an den Mitunternehmer für Tätigkeiten im Dienste der Gesellschaft, für Kreditgewährungen an die Gesellschaft oder für die Vermietung von Wirtschaftsgütern an die Gesellschaft werden dem Gewinnanteil des Mitunternehmers zugerechnet, d.h.

Gewinnanteil + (Sonder-)Vergütungen
= Gesamtgewinn des Mitunternehmers

Nochmals: Gewinnanteil (aus dem Gesellschaftsvermögen) und Sondervergütungen sind additiv miteinander verbunden. Sondervergütungen sind nicht Teil des Gewinnanteils. Vielmehr sind sie diesem Gewinnanteil hinzuzurechnen. Ergebnis ist der Gesamtgewinn des Mitunternehmers, der in seiner Einkommensteuererklärung zu den Einkünften aus Gewerbebetrieb, Land- und Forstwirtschaft oder selbständiger Arbeit gehört.

Mithin entstehen aufgrund dieser in § 15 Abs. 1 Nr. 2 Satz 1 EStG normierten Qualifizierung der Sondervergütungen keine Überschusseinkünfte, also keine Einkünfte aus nichtselbständiger Arbeit (aus Entgelten für Tätigkeiten im Dienste der Gesellschaft), keine Einkünfte aus Kapitalvermögen (aus Zinsen bei Kreditgewährungen) und keine Einkünfte aus Vermietung und Verpachtung (aus Mieteinnahmen). Sämtliche Vergütungen sind je nach Art des Betriebes Einkünfte aus Land- und Forstwirtschaft, Gewerbebetrieb oder selbständiger Arbeit, werden also in Gewinneinkünfte umqualifiziert.

Die mit diesen Vergütungen im Zusammenhang stehenden Wirtschaftsgüter (z.B. Grundstücke, Gebäude oder Darlehen) werden als Betriebsvermögen qualifiziert, das als Sonderbetriebsvermögen (des betreffenden Gesellschafters) bezeichnet wird. Folglich unterliegen Veräußerungsgewinne im Sonderbetriebsvermögen stets der Besteuerung. Dazu später ausführlich mehr.

Hinweis: *Diese Zusammenhänge werden wir in der nachfolgenden Lektion 4 wieder aufgreifen und anhand von Fällen ausführlicher besprechen. Dort werden wir auch sehen, dass die Rechtsprechung (neben den oben angesprochenen Sondervergütungen) aufgrund der Existenz von Sonderbetriebsvermögen damit in Zusammenhang stehende Sonder(betriebs)einnahmen und Sonder(betriebs)ausgaben in die Gewinnermittlung einbezieht.*

Gesellschafter ist kein Mitunternehmer

Für den Fall, dass der Gesellschafter kein Mitunternehmer und lediglich als Kapitalanleger zu qualifizieren ist, hat sein Anteil an der Gesellschaft den Charakter einer zu seinem Privatvermögen gehörenden Kapitalbeteiligung. Die anteiligen Gewinne aus dieser Beteiligung sind dann Einkünfte aus Kapitalvermögen, die bei der Gesellschaft Zinsaufwand darstellen.

Vergütungen an den Gesellschafter für Tätigkeiten im Dienste der Gesellschaft, Kreditgewährungen oder Vermietung von Wirtschaftsgütern führen zu Einkünften aus der jeweils verwirklichten Einkunftsart. Mithin entstehen dem Gesellschafter ausschließlich Überschusseinkünfte.

Die mit diesen Vergütungen im Zusammenhang stehenden Wirtschaftsgüter sind nicht dem Sonderbetriebsvermögen, sondern dem Privatvermögen des Gesellschafters zuzuordnen.

Die Gesellschafter C und D der CD-OHG im Fall 9 sind als persönlich haftende Gesellschafter einer Personenhandelsgesellschaft regelmäßig Mitunternehmer i.S.v. § 15 Abs. 1 Nr. 2 EStG und mit der Autoreparaturwerkstatt betreiben sie einen Gewerbebetrieb. Als gewerbliche Mitunternehmer sind sie anteilig am Betriebsvermögen, das sind die angeschafften Hebebühnen, Werkzeuge etc., beteiligt. Schließlich sind sie auch anteilig an den Einkünften der Gesellschaft beteiligt und erzielen anteilig Einkünfte aus Gewerbebetrieb.

Diese Einkünfte aus Gewerbebetrieb des C und des D setzen sich zusammen (1) aus ihrem Gewinnanteil aus dem Gesellschaftsvermögen der OHG und (2) aus den Sondervergütungen (Gehalt). Im Gegensatz dazu sind die Gehälter der angestellten neuen Mitarbeiter bei diesen Einkünfte aus nichtselbständiger Arbeit.

Die folgende Übersicht fasst die Grundstruktur der Besteuerung von Personengesellschaften noch einmal zusammen:

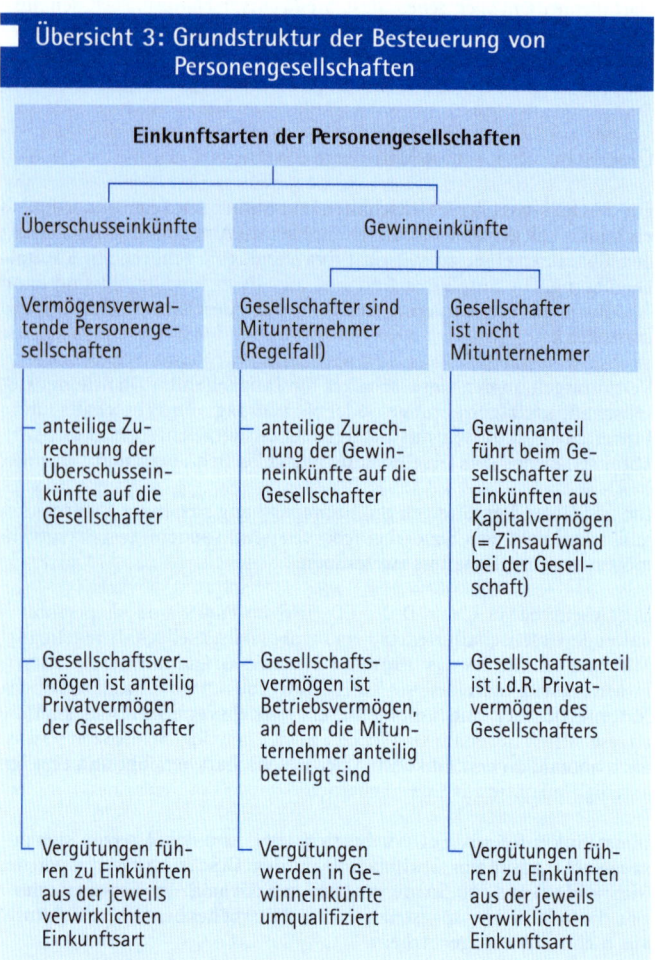

Übersicht 3: Grundstruktur der Besteuerung von Personengesellschaften

Im Mittelpunkt dieses Lehrbuches werden die gewerblichen Mitunternehmerschaften stehen. Diese Personengesellschaften betreiben einen Gewerbebetrieb (z.B. Autoreparaturwerkstatt) und deren Gesellschafter sind Mitunternehmer (ausführlich dazu Lektion 5). Gewerbliche Mitunternehmerschaften erzielen ausschließlich Einkünfte aus Gewerbebetrieb (vgl. § 15 Abs. 1 Nr. 2 EStG) und unterliegen der Gewerbesteuer.

Bezogen auf die Übersicht 3 handelt es sich bei den gewerblichen Mitunternehmerschaften um eine Teilmenge der Gewinneinkünfte erzielenden Personengesellschaften bei denen die Gesellschafter Mitunternehmer sind. Nicht gewerbliche Mitunternehmerschaften sind land- und forstwirtschaftliche Betriebe und Zusammenschlüsse von Selbständigen (z.B. Architekten, Steuerberatern, Rechtsanwälten).

Hinweis: *Die Kriterien für die Qualifizierung eines Gewerbebetriebes als solchen und das Vorliegen einer Mitunternehmerschaft i.S.v. § 15 Abs. 1 Nr. 2 EStG werden im Folgenden noch ausführlich erläutert.*

Leitsatz 11

Gewerbliche Mitunternehmerschaften

Personengesellschaften, die einen **Gewerbebetrieb** betreiben und deren Gesellschafter **Mitunternehmer** i.S.v. § 15 Abs. 1 Satz 1 Nr. 2 EStG sind, werden als gewerbliche Mitunternehmerschaften bezeichnet. Ihre Besonderheit besteht darin, dass sie ausschließlich **Einkünfte aus Gewerbebetrieb** erzielen und der **Gewerbesteuer** unterliegen.

Einheitliche und gesonderte Feststellung der Einkünfte

Für die CD-OHG im Fall 9 werden die Einkünfte verfahrensrechtlich einheitlich (= für alle Gesellschafter) und gesondert (= getrennt von den persönlichen Steuererklärungen der Gesellschafter) durch das Finanzamt Kassel (Sitz der Gesellschaft) festgestellt. Den persönlichen Einkommensteuererklärungen der Gesellschafter C und D ist also eine besondere Feststellungserklärung durch die OHG und ein vom Finanzamt zu erlassener (Feststellungs-)Bescheid vorgeschaltet (§§ 179, 180 Abs. 1 Nr. 2 AO).

Nochmals zur Verdeutlichung:

- Die Feststellung wird als „einheitlich" bezeichnet, weil sie für alle Gesellschafter ergeht. Verfahrensrechtlich ist dadurch gewährleistet, dass die Finanzverwaltung bei der Steuerfestsetzung gegenüber Gesellschafter C von den gleichen Einkünften der CD-OHG ausgeht wie bei der Steuerfestsetzung gegenüber Gesellschafter D.

- Die Feststellung wird als „gesondert" bezeichnet, da sie von der persönlichen Einkommensteuererklärung und -festsetzung der Gesellschafter C und D verfahrensrechtlich insofern getrennt ist, als Feststellungsbescheid und Einkommensteuerbescheide unabhängig voneinander erlassen, angefochten und rechtskräftig werden.

Fall 10

Der Gesamtgewinn der CD-OHG unserer KFZ-Meister aus Fall 9 beträgt im Geschäftsjahr 01 100.000 €. Er verteilt sich anteilig auf die Gesellschafter C und D zu je 50.000 €. Allerdings hat das Finanzamt Kassel den Gesamtgewinn im formell bestandskräftigen einheitlichen und gesonderten Feststellungsbescheid (kurz: Gewinnfeststellungsbescheid) aufgrund eines Versehens (Rechenfehler!) mit 120.000 € festgestellt und auf C und D mit je 60.000 € verteilt. Erst in ihren Einkommensteuerbescheiden entdecken C und D den Fehler des Finanzamts.

Was raten Sie den beiden?

Hinweis: *„Formell bestandskräftig" bedeutet, dass die Einspruchsfrist von einem Monat (§ 355 AO) abgelaufen ist. Der Bescheid ist also mit ordentlichen (formellen) Rechtsbehelfen nicht mehr anfechtbar.*

Feststellungsbescheide sind Grundlagenbescheide, die für die Einkommensteuerbescheide als Folgebescheide bindend sind. Sind die Einkünfte im Feststellungsbescheid unzutreffend, muss gegen diesen Grundlagenbescheid Einspruch eingelegt werden. Eine erfolgreiche Anfechtung des Folgebescheids mit der Begründung, der Grundlagenbescheid sei unzutreffend, ist nicht möglich.

Nach diesen Überlegungen ist im Fall 10 zwingend der Gewinn i.H.v. je 60.000 € der Einkommensteuerveranlagung zugrunde zu legen, obwohl ein Gewinnanteil von je 50.000 € zutreffend ist. Der zutreffende Gewinnanteil darf der Einkommensteuerveranlagung nur dann zugrunde gelegt werden, wenn der Gewinnfeststellungsbescheid entsprechend berichtigt worden ist. Da die Einspruchsfrist für den Gewinnfeststellungsbescheid abgelaufen ist und der Bescheid damit formelle Bestandskraft erlangt hat, kommen nur noch die besonderen Korrekturmöglichkeiten der §§ 129, 164, 165, 172ff. AO in Betracht.

Da aufgrund des „Rechenfehlers" im Fall 10 eine sog. „offenbare Unrichtigkeit" gem. § 129 AO anzunehmen ist, kann der Gewinnfeststellungsbescheid geändert werden, mit der Folge, dass auch die Einkommensteuerbescheide von C und D entsprechend zu ändern sind.

Hinweis: *Formell bestandskräftige Steuerbescheide erlangen erst endgültige materielle Bestandskraft nach Ablauf der Festsetzungsfrist (i.d.R. vier Jahre, vgl. dazu §§ 169 – 171 AO). In diesem Fall ist auch eine Korrektur nach den besonderen Korrekturmöglichkeiten formell bestandskräftiger Steuerbescheide der §§ 129, 164, 165, 172 ff. AO nicht mehr möglich.*

Leitsatz 12

Einheitliche und gesonderte Feststellung der Einkünfte

Personengesellschaften erklären ihren **Gewinn** und seine **Verteilung** auf die Gesellschafter gegenüber dem Finanzamt in einer Feststellungserklärung. Daraufhin erlässt das Finanzamt einen:

▶ **einheitlichen (= für alle Gesellschafter)** und

▶ **gesonderten (= getrennt von den persönlichen Steuererklärungen der Gesellschafter)** Feststellungsbescheid.

Dieser Feststellungsbescheid ist Grundlagenbescheid für die Einkommensteuerbescheide der Gesellschafter.

Lektion 4: Einkünftezurechnung und -qualifikation

Zentrale Rechtsnorm zur Besteuerung von Personengesellschaften

Rechtliche Grundlage für die Zurechnung (auf die Gesellschafter) und die Qualifikation der Einkünfte als gewerbliche Einkünfte ist als zentrale Rechtsnorm zur Besteuerung von Personengesellschaften

§ 15 Abs. 1 Nr. 2 Satz 1 EStG !

Die Einkünfte aus Gewerbebetrieb von Gesellschaftern (Mitunternehmern) einer Personengesellschaft setzen sich demnach aus folgenden zwei Komponenten zusammen:

▶ Gewinnanteile, die den Gesellschaftern aufgrund gesetzlicher oder gesellschaftsvertraglicher Gewinnverteilungsabreden zustehen (§ 15 Abs. 1 Nr. 2 Satz 1 Halbsatz 1 EStG).

▶ (Sonder-)Vergütungen, die die Gesellschafter für Tätigkeiten im Dienste der Gesellschaft (Dienstvertrag § 611 BGB), für die Hingabe von Darlehen (Darlehensvertrag § 488 BGB) oder für die Überlassung von Wirtschaftsgütern (Mietvertrag § 535 BGB) bezogen haben (§ 15 Abs. 1 Nr. 2 Satz 1 Halbsatz 2 EStG).

Die Vorschrift des § 15 Abs. 1 Nr. 2 EStG betrifft unmittelbar gewerbliche Mitunternehmerschaften. Jedoch sind die Grundsätze der Besteuerung von gewerblichen Mitunternehmerschaften über die §§ 13 Abs. 7, 18 Abs. 4 Satz 2 EStG auch auf land- und forstwirtschaftliche Mitunternehmerschaften und freiberufliche Mitunternehmerschaften anzuwenden.

Beachte: *§ 15 Abs. 1 Nr. 2 EStG gilt nicht für vermögensverwaltende Personengesellschaften, da deren Gesellschafter keine Mitunternehmer sind.*

Übersicht 4: Einkünftezurechnung und -qualifikation

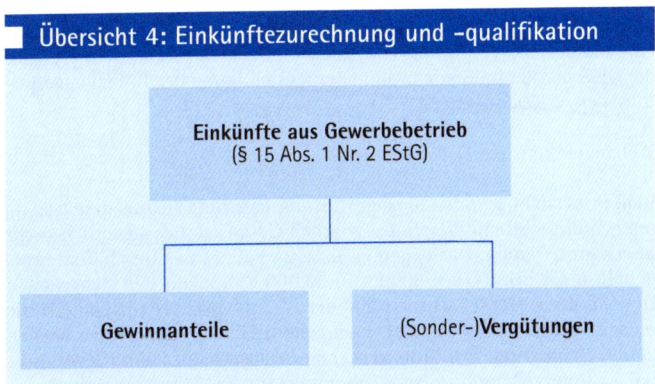

Zu beachten ist bei alledem die Auffassung der höchstrichterlichen Rechtsprechung. Demnach gehören zu den mitunternehmerischen gewerblichen Einkünften nach § 15 Abs. 1 Nr. 2 EStG nicht nur der Gewinnanteil aus dem Gesellschaftsvermögen und die Sondervergütungen, sondern auch alle weiteren Einnahmen und Betriebsausgaben, die ihre Veranlassung in der Beteiligung des Steuerpflichtigen an der unternehmerisch tätigen Personengesellschaft haben (BFH vom 14.12.2000 IV R 16/00 und 22.06.2006 IV R 56/04).

Dies sind im Wesentlichen die mit dem jeweiligen Sonderbetriebsvermögen der Gesellschafter in Zusammenhang stehenden Sonderbetriebsausgaben (z.B. Absetzungen für Abnutzung, Finanzierungskosten, Reparaturkosten) und Sonderbetriebseinnahmen (z.B. Erlös aus der Veräußerung von Sonderbetriebsvermögen). Dazu mehr und ausführlich in den Lektionen 6 und 9.

(Sonder-)Vergütungen

Fall 11

A und B gründen zum 1. Januar die AB-OHG. Im Gesellschaftsvertrag bestimmen sie, dass beide am Gewinn und Verlust der OHG je zur Hälfte beteiligt sind. Zudem legen sie in einem zivilrechtlich wirksamen

Anstellungsvertrag fest, dass A die Geschäfte der OHG führt und hierfür eine monatliche Vergütung von 5.000 € erhält. Der steuerliche Gewinn der OHG beträgt im Erstjahr ohne Berücksichtigung der Tätigkeitsvergütung des A 360.000 €.

Welche Einkünfte erzielen A und B?

In der Übersicht 1 finden Sie den Hinweis, dass bei Personengesellschaften schuldrechtliche Verträge zwischen Gesellschafter steuerlich nicht anerkannt werden. Das bedeutet, dass im Fall 11 das Geschäftsführergehalt des A i.H.v. (12 × 5000 € =) 60.000 € pro Jahr den steuerlichen Gewinn der Gesellschaft nicht mindert. In der Lektion 3 haben wir die rechentechnische Umsetzung kennengelernt: Sondervergütungen werden dem Gewinnanteil des Mitunternehmers zugerechnet (d.h. Gewinnanteil + (Sonder-)Vergütungen = Gesamtgewinn des Mitunternehmers).

Für den Fall 11 ergibt sich damit folgendes Ergebnis:

Das Geschäftsführergehalt des A mindert innerhalb der Gewinnermittlung der OHG als Personalaufwand den Gewinn. Insofern beträgt der steuerliche Gewinn der OHG nur noch (360.000 € ./. 60.000 € =) 300.000 €.

Von diesen 300.000 € sind je 150.000 € Gewinnanteil und damit bei A und B gewerbliche Einkünfte (Einkünfte aus Gewerbebetrieb). Das Geschäftsführergehalt des A, darf jedoch den Gesamtgewinn der OHG nicht mindern. Folglich ist es als Sondervergütung dem Gewinn wieder hinzuzurechnen.

Das Geschäftsführergehalt des A gehört bei ihm also nicht zu den Einkünften aus nichtselbstständiger Arbeit, sondern wird in gewerbliche Einkünfte umqualifiziert und erhöht seinen Gewinn als Mitunternehmer.

Die Einkünfte des A setzen sich zusammen aus seinem Gewinnanteil (150.000 €) und seiner (Sonder-)Vergütung (60.000 €). Da B keine (Sonder-)Vergütungen erhält, fällt auf ihn lediglich sein Gewinnanteil (150.000 €).

Die Gewinnverteilung (in Euro) ist wie folgt vorzunehmen:

	A	B
Steuerlicher Gesamtgewinn der AB-OHG	360.000	
Sondervergütung A	./. 60.000	60.000
Gewinnanteile	300.000	150.000	150.000
Gesamtgewinn der Mitunternehmer		210.000	150.000

Vorabgewinne

Fall 12

Wie Fall 11, jedoch erhält A nach der Gewinnverteilungsvereinbarung des Gesellschaftsvertrages für seine Geschäftsführertätigkeit vorab einen Betrag von 60.000 €, während der restliche Gewinn je zur Hälfte auf A und B verteilt wird.

Welche Einkünfte erzielen A und B?

Die Vergütung für die Geschäftsführertätigkeit beruht im Fall 12 nicht auf einem (schuldrechtlichen) Anstellungsvertrag, sondern auf der gesellschaftsvertraglichen Vereinbarung eines Vorabgewinns. Damit ist der Betrag i.H.v. 60.000 € nicht Sondervergütung, sondern Teil des Gewinnanteils des A und ihm als Vorabgewinn zuzurechnen. Wenn dem A monatlich 5.000 € überwiesen werden, ist das jeweils eine Privatentnahme des A.

Der so ausgezahlte Vorabgewinn mindert also nicht den steuerlichen Gewinn der AB-OHG.

Die Gewinnverteilung (in Euro) ist wie folgt vorzunehmen:

		A	B
Steuerlicher Gesamt-gewinn der AB-OHG	360.000		
(Vorab-)Gewinnanteile A	./. 60.000	60.000	
(Rest-)Gewinnanteile	300.000	150.000	150.000
Gewinnanteile		210.000	150.000
Gesamtgewinn der Mitunternehmer		210.000	150.000

Mithin führen beide Gestaltungen zum gleichen Ergebnis. Unterschiede bestehen darin, dass Sondervergütungen regelmäßig der Umsatzsteuer unterliegen (also A schreibt Rechnungen mit Umsatzsteuerausweis und gibt Umsatzsteuererklärungen ab) und ein Sonderbilanzergebnis erzielt wird (also erhöhter Verwaltungsaufwand für A wegen der erforderlichen Sonder-GuV).

Leitsatz 13

Einkünftequalifikation bei gewerblichen Personengesellschaften

(Sonder-)Vergütungen, die die Gesellschafter (Mitunternehmer) für

- ▶ Tätigkeiten im Dienste der Gesellschaft,
- ▶ Hingabe von Darlehen oder
- ▶ Überlassung von Wirtschaftsgütern

erhalten, sind gem. § 15 Abs. 1 Nr. 2 Satz 1 Halbsatz 2 EStG **Einkünfte aus Gewerbebetrieb**.

Der Leitsatz 13 macht deutlich, dass der 2. Halbsatz des § 15 Abs. 1 Nr. 2 Satz 1 EStG eine Qualifikationsnorm ist, denn ohne diese Regelung wären die Vergütungen beim Gesellschafter Einkünfte aus nichtselbständiger Arbeit, aus Kapitalvermögen bzw. Vermietung und Verpachtung.

Leitsatz 14

Einkünftezurechnung bei gewerblichen Personengesellschaften

Der Gewinn, den die Gesellschafter (Mitunternehmer) als **Einkünfte aus Gewerbebetrieb** zu versteuern haben, setzt sich zusammen aus:

- dem **Gewinnanteil**, der nach der Gewinnverteilungsabrede auf sie entfällt,
- den **(Sonder-)Vergütungen**.

Beide Komponenten sind **additiv** miteinander verbunden.

Der Leitsatz 14 fasst den 1. und den 2. Halbsatz des § 15 Abs. 1 Nr. 2 Satz 1 EStG zusammen, der einerseits die Gewinnanteile und andererseits die Sondervergütungen den Gesellschaftern zurechnet. Insofern kann diese Vorschrift insgesamt als Zurechnungsnorm bezeichnet werden.

Steuerliche Konsequenzen der Einkünftequalifikation

Die Qualifikation von Einkünften aus nichtselbständiger Arbeit (§ 19 EStG), aus Kapitalvermögen (§ 20 EStG) oder aus Vermietung und Verpachtung (§ 21 EStG) in gewerbliche Einkünfte (Einkünfte aus Gewerbebetrieb, § 15 EStG) hat folgende drei erhebliche steuerliche Auswirkungen:

- Es kommt zur Steuerverstrickung des Sonderbetriebsvermögens.

- Die spezifischen Besonderheiten der Überschusseinkunftsarten entfallen.

- Die (Sonder-)Vergütungen unterliegen der Gewerbesteuer.

Dies wird nun im Einzelnen erläutert.

Erste Auswirkung: Steuerverstrickung des Sonderbetriebsvermögens

Fall 13

Wie Fall 11, jedoch bezieht der A von der AB-OHG kein Geschäftsführergehalt, sondern vermietet der OHG ein Geschäftsgebäude für 60.000 € jährlich.

Welche steuerlichen Konsequenzen ergeben sich für A?

Wie Sie nun wissen, werden im Fall 13 auch die Einkünfte aus Vermietung und Verpachtung nach § 15 Abs. 1 Nr. 2 EStG in gewerbliche Einkünfte umqualifiziert. Da der A Eigentümer des Gebäudes ist, gehört es nicht zum Gesellschaftsvermögen der OHG, sondern ist Sonderbetriebsvermögen des A. Veräußert A das Gebäude, so unterliegt ein etwaiger Veräußerungsgewinn (Veräußerungspreis > Buchwert) als Einkünfte aus Gewerbebetrieb der Einkommensteuer und der Gewerbesteuer.

Nimmt man für den Fall 13 an, dass das Gebäude mit einem Teilwert von 300.000 € in das Sonderbetriebsvermögen eingelegt wurde. Berücksichtigt man Abschreibungen in Höhe von 3 % über 20 Jahre, errechnet sich nach 20 Jahren ein Buchwert von 120.000 €. Verkauft dann der A das Gebäude für 300.000 € fällt ein Gewinn in Höhe der stillen Reserven von 180.000 € an, der aufgrund der Steuerverstrickung der Einkommensteuer und der Gewerbesteuer unterliegt.

Zu einem anderen Ergebnis kommt man im Fall 13, wenn nicht der A, sondern ein Dritter, sagen wir der Rentner R, der AB-OHG das Gebäude vermieten würde. Der R ist nicht Mitunternehmer der AB-OHG, daher werden seine Einkünfte nicht umqualifiziert. Er erzielt Einkünfte aus Vermietung und Verpachtung. Das Gebäude gehört zu seinem Privatvermögen mit der Folge, dass der Veräußerungsvorgang keinesfalls der Gewerbesteuer unterliegt und eine Einkommensbesteuerung nur in Frage kommt, wenn zwischen Anschaffung und Veräußerung nicht mehr als zehn Jahre liegen (privates Veräußerungsgeschäft i.S.d. § 23 Abs. 1 Nr. 1 EStG).

Zweite Auswirkung: Spezifische Besonderheiten der Überschusseinkunftsarten entfallen

Durch die Umqualifizierung von Überschusseinkunftsarten in Einkünfte aus Gewerbebetrieb kommen die für die Überschusseinkunftsarten geltende Pauschbeträge und andere Besonderheiten nicht zum Zuge:

Dies sind bei den Einkünften aus nichtselbständiger Arbeit der Arbeitnehmer-Pauschbetrag (§ 9a Satz 1 Nr. 1a EStG) sowie der Pauschbetrag für Versorgungsbezüge (§ 9a Satz 1 Nr. 1b EStG) und bei den Einkünften aus Kapitalvermögen der Sparer-Pauschbetrag (§ 20 Abs. 9 Satz 1 EStG).

Im Zusammenhang mit der Hingabe von Darlehen an die Gesellschaft führt die Umqualifizierung der Zinsen (eigentlich Einkünfte aus Kapitalvermögen) in Einkünfte aus Gewerbebetrieb dazu, dass die Möglichkeit entfällt, die Zinsen dem Abgeltungssteuersatz von 25% zzgl. SolZ (§ 32d EStG) zu unterwerfen. Allerdings findet auch das Verbot des Abzugs der tatsächlichen Werbungskosten (§ 20 Abs. 9 Satz 1 EStG) keine Anwendung. Solche Aufwendungen können bei der Gewinnermittlung im Sonderbetriebsvermögen des Gesellschafters abgezogen werden.

Dritte Auswirkung: (Sonder-)Vergütungen unterliegen der Gewerbesteuer

Sondervergütungen haben als Aufwand (z.B. Personalaufwand) den sich aus der Gesellschaftsbilanz ergebenden steuerlichen Gewinn zunächst gemindert. Die Qualifikation der Sondervergütungen zu den gewerblichen Einkünften und die Zurechnung dieser gewerblichen Einkünfte zum steuerlichen Gesamtgewinn der Personengesellschaft (vgl. Fall 11) schlagen auf die Ermittlung der Gewerbesteuer durch.

Ausgangspunkt der Ermittlung des Gewerbeertrags (§ 7 ff. GewStG) ist nämlich nicht nur der sich aus der Gesellschaftsbilanz ergebende steuerliche Gewinn, sondern der Gewinn, der bei der Ermittlung des einkommensteuerlichen Einkommens zu berücksichtigen ist. Das ist der Gesamtgewinn der Personengesellschaft (nach Zurechnung der

Sondervergütungen). Im Ergebnis werden also die Sondervergütungen auch gewerbesteuerlich umqualifiziert.

Bei Personengesellschaften werden also die Sondervergütungen bei der Ermittlung des Gewerbeertrags nicht abgezogen. Anders ist dies bei Kapitalgesellschaften, bei denen die Sondervergütungen regelmäßig Aufwendungen sind, die das körperschaftsteuerliche Einkommen und in der Folge den Gewerbeertrag mindern. Diesen Unterschied versucht der Gesetzgeber durch den bereits in Lektion 1 angesprochenen Freibetrag für Personengesellschaften i.H.v. 24.500 € auszugleichen (§ 11 Abs. 1 Satz 3 Nr. 1 GewStG).

> **Übersicht 5: Auswirkungen der Einkünftequalifikation**
>
> Die **Qualifikation der (Sonder-)Vergütungen** als Einkünfte aus Gewerbebetrieb hat insbesondere folgende steuerliche Auswirkungen:
>
> ▶ **Steuerverstrickung** des **Sonderbetriebsvermögens**
>
> ▶ **Spezifische Besonderheiten** der Überschusseinkunftsarten **entfallen** (z.B. Arbeitnehmer-Pauschbetrag, Sparer-Pauschbetrag, Abgeltungssteuer).
>
> ▶ **(Sonder-)Vergütungen** unterliegen der **Gewerbesteuer**.
>
> Im Ergebnis ist die Einkünftequalifikation **nicht** lediglich Formalität
>
> → sie führt zu **erheblichen materiellen steuerlichen Konsequenzen.**

Hinweis: *In der Praxis sind die Steuerverstrickung von Wirtschaftsgütern und die damit einhergehende Besteuerung von stillen Reserven von großer Bedeutung.*

Einheitstheorie

Die Ausführungen zur Einkünftezurechnung und -qualifikation sollten noch einmal deutlich gemacht haben, dass Personengesellschaften zwar grundsätzlich kein eigenes Steuersubjekt sind (vgl. Lektion 1), da die einkommensteuerpflichtigen Steuersubjekte die Gesellschafter sind. Personengesellschaften entfalten jedoch teilweise steuerrechtliche Selbständigkeit gegenüber ihren Gesellschaftern.

Die Personengesellschaft ist Subjekt

- ▶ der Einkünfteerzielung,
- ▶ der Einkünfteermittlung und
- ▶ der Einkünftequalifikation.

Die Ebene der Gesellschafter erlangt erst in einem weiteren Schritt, nämlich bei der Einkünftezurechnung des von der Gesellschaft erzielten Ergebnisses Bedeutung.

Verfahrenstechnisch erfolgt die Einkünfteermittlung, Einkünftequalifikation und Einkünftezurechnung in der einheitlichen und gesonderten Feststellung der Einkünfte (vgl. Leitsatz 12). Zuständig ist das Finanzamt, an dem die Gesellschaft ihren Sitz hat (Betriebsfinanzamt). Dieser Feststellungsbescheid ist Grundlagenbescheid für die Einkommensteuerbescheide der Gesellschafter.

Lektion 5: Gewerbliche Mitunternehmerschaft

■ Fall 14

Die Ehefrau F des M möchte in Rostock einen Fischhandel betreiben. M ist Eigentümer eines Gewerbegrundstücks in unmittelbarer Nähe zum Hafen. Er stellt es der F zur Verfügung und gibt ihr 50.000 € für die Anschaffung der wichtigsten Einrichtungsgegenstände. Zudem hat er sich bereit erklärt, die Buchhaltung zu führen.

Bilden F und M eine gewerbliche Mitunternehmerschaft und erzielen daraus Einkünfte aus Gewerbebetrieb?

Die Besteuerung von Personengesellschaften beruht auf dem sog. Mitunternehmer-Konzept. Dieses Konzept ist im Gesetz jedoch nicht ausdrücklich geregelt. Es wird lediglich durch den Klammerzusatz „Mitunternehmer" in § 15 Abs. 1 Nr. 2 EStG angedeutet. Dennoch baut die Besteuerung aufgrund der dazu ergangenen Rechtsprechung auf diesem Begriff auf. In diesem Zusammenhang spricht man vom Personengesellschafter als Mitunternehmer und der Personengesellschaft als Mitunternehmerschaft.

Eine gewerbliche Mitunternehmerschaft wird durch das (kumulative) Vorliegen folgender drei Merkmale charakterisiert:

▶ Vorliegen eines zivilrechtlichen Gesellschaftsverhältnisses,

▶ Mitunternehmereigenschaft der Gesellschafter,

▶ Gewerblichkeit der Personengesellschaft.

Für die Lösung von Fall 14 kommt es also darauf an, ob eine solche gewerbliche Mitunternehmerschaft anzunehmen ist oder nicht. Ist eine solche gegeben, erzielen F und M aus dieser Mitunternehmerschaft gemeinsam Einkünfte aus Gewerbebetrieb.

Ist eine gewerbliche Mitunternehmerschaft im Fall 14 abzulehnen, dann führt F den Fischhandel alleine als Einzelunternehmerin. Sie hätte in diesem Falle im Rahmen ihres Einzelunternehmens Einkünfte aus Gewerbebetrieb und Betriebsausgaben, wenn sie an den M Miete, Darlehenszinsen und Gehalt zahlt. Bei dem M führen diese Einnahmen zu Einkünften aus Vermietung und Verpachtung, Einkünften aus Kapitalvermögen und Einkünften aus nichtselbständiger Arbeit.

Nachfolgend wollen wir uns die drei Merkmale einer gewerblichen Mitunternehmerschaft genauer ansehen.

1. Merkmal: Vorliegen eines zivilrechtlichen Gesellschaftsverhältnisses

Der Wortlaut des § 15 Abs. 1 Nr. 2 EStG setzt voraus, dass ein Gesellschaftsverhältnis vorliegt. Neben der ausdrücklich genannten Rechtsformen der OHG und der KG kommen hier auch alle anderen zu den Personengesellschaften zählenden zivilrechtlichen Rechtsformen (vgl. dazu Lektion 2) in Betracht.

Zudem hat die Rechtsprechung den Anwendungsbereich der Vorschrift auf Fälle erweitert, in denen zwar kein echtes Gesellschaftsverhältnis vorliegt, aber ein anderes Rechtsverhältnis, das diesem wirtschaftlich vergleichbar ist. In Betracht kommen hier die Gesamthandsgemeinschaften in der Form von Erben- oder Gütergemeinschaften sowie Bruchteilsgemeinschaften.

Abzugrenzen von dem Begriff des Gesellschaftsverhältnisses i.S.d. § 15 Abs. 1 Nr. 2 EStG sind insbesondere

▶ Kapitalgesellschaften und

▶ schuldrechtliche Vertragsbeziehungen
(z.B. Darlehens- oder Dienstverträge).

Lediglich in Ausnahmefällen kann sich aus einer schuldrechtlichen Vertragsbeziehung ein gesellschaftsähnliches Verhältnis ergeben. Der BFH hat für seltene Ausnahmefälle eine sog. verdeckte Mitunternehmerschaft bejaht. In diesen Fällen ist aufgrund schlüssigen Verhaltens von einem Gesellschaftsverhältnis auszugehen. Dies gilt insbesondere bei Verträgen mit nahen Angehörigen bei denen Inhalt und Durchführung der Verträge nicht dem zwischen Fremden Üblichen entsprechen und eine offene oder eine verdeckte Gewinnbeteiligung hinzutritt.

2. Merkmal: Mitunternehmereigenschaft der Gesellschafter

Aus dem Klammerzusatz in § 15 Abs. 1 Nr. 2 EStG ist zu folgern, dass der Mitunternehmer dem (Einzel-)Unternehmer gleichgestellt werden soll. Folgerichtig ist es daher, den Gesellschafter einer Personengesellschaft nur dann als (Mit-)Unternehmer zu besteuern, wenn er eine dem Einzelunternehmer angenäherte Stellung einnimmt.

Der Mitunternehmerbegriff ist mangels gesetzlicher Definition durch die Rechtsprechung konkretisiert worden. Hiernach handelt es sich um einen offenen Typusbegriff, der an den Begriff des Unternehmers anknüpft. Ein Mitunternehmer ist daher dadurch charakterisiert, dass er die für einen Unternehmer typischen Merkmale, nämlich insbesondere

- ▶ Unternehmerinitiative und
- ▶ Unternehmerrisiko

aufweist.

Hinweis: *Ein offener Typusbegriff ist als solcher einer Begriffsbestimmung durch eine abschließende Aufzählung einzelner Begriffselemente nicht zugänglich. Der Typusbegriff kann nur durch eine Vielzahl von Anzeichen und Merkmalen konkretisiert werden. Entscheidend ist dabei das Gesamtbild im Einzelfall.*

Nach der ständigen Rechtsprechung des BFH ist Mitunternehmer, wer aufgrund eines zivilrechtlichen Gesellschaftsverhältnisses oder wirtschaftlich damit vergleichbaren Gemeinschaftsverhältnisses zusammen mit anderen Personen Mitunternehmerinitiative entfalten kann und Mitunternehmerrisiko trägt (z.B. BFH-Beschluss vom 3.5.1993 GrS 3/92).

Die Merkmale der Mitunternehmerinitiative und des Mitunternehmerrisikos müssen kumulativ vorliegen, wobei eine (auch stark) unterschiedliche Ausprägung der Merkmale möglich ist. Die Merkmale sind mithin teilweise kompensierbar: So kann z.B. Mitunternehmer sein, wer zwar ein geringes Risiko trägt, aber ausgeprägte Unternehmerinitiative entfaltet.

Leitsatz 15

Mitunternehmer und Mitunternehmerschaft

Mitunternehmer ist ein **Gesellschafter** einer Personengesellschaft, der **Mitunternehmerinitiative** entfaltet und **Mitunternehmerrisiko** trägt. Die Gesamtheit der einzelnen Mitunternehmer wird als Mitunternehmerschaft bezeichnet.

Beachte: *Erzielt eine Personengesellschaft andere Gewinneinkünfte (Einkünfte aus Land- und Forstwirtschaft oder Einkünfte aus selbständiger Arbeit) gelten ebenfalls die im Folgenden weiter skizzierten Mitunternehmergrundsätze (§§ 13 Abs. 7 und 18 Abs. 4 EStG). Alle Personengesellschaften, die Gewinneinkünfte und damit unternehmerische Einkünfte erzielen sind regelmäßig Mitunternehmerschaften, deren Gesellschafter unter den im Folgenden genannten Voraussetzungen Mitunternehmer sind.*

Aus dem 2. Merkmal Mitunternehmereigenschaft der Gesellschafter nun eingehend zu den beiden Voraussetzungen Mitunternehmerinitiative und Mitunternehmerrisiko.

Mitunternehmerinitiative

Mitunternehmerinitiative bedeutet nach Auffassung des BFH vor allem Teilhabe an unternehmerischen Entscheidungen, wie sie z.B. Gesellschaftern oder diesen vergleichbaren Personen als Geschäftsführern, Prokuristen oder anderen leitenden Angestellten obliegen.

Fall 15

Die Gesellschafter der AB-GbR teilen sich die Leitung ihres kleingewerblichen Unternehmens. Um ihre Kapitaldecke zu verstärken nehmen sie den Gesellschafter C in ihre Gesellschaft (nun: ABC-GbR) auf. C zahlt einen Anteil von 10.000 € ein und achtet lediglich auf die monatliche Verzinsung seines Kapitals.

Entfaltet C Mitunternehmerinitiative?

Für die Annahme von Mitunternehmerinitiative ist es nach Auffassung des BFH ausreichend, wenn die Möglichkeit zur Ausübung von Gesellschafterrechten besteht, die wenigstens den Stimm-, Kontroll- und Widerspruchsrechten angenähert sind, die einem Kommanditisten nach dem Handelsgesetzbuch (§§ 164, 166 HGB) zustehen oder die den gesellschaftsrechtlichen Kontrollrechten nach § 716 Abs. 1 BGB des Gesellschafters einer GbR entsprechen.

Für Fall 15 können wir feststellen, dass dem Gesellschafter C der ABC-GbR die Kontrollrechte des § 716 Abs. 1 BGB nicht entzogen worden sind. Er hat damit die Möglichkeit seine gesetzlichen Kontrollrechte auszuüben. Dies reicht für die Annahme von Mitunternehmerinitiative aus.

Kritisch ist anzumerken, dass das Widerspruchsrecht des Kommanditisten nach § 164 HGB oder die Kontrollrechte nach § 716 Abs. 1 BGB kaum Instrumente der Entfaltung von Unternehmerinitiative sind, als vielmehr solche zur Behinderung von Unternehmerinitiative der Geschäftsführung. Mithin ist festzustellen, dass die Anforderungen des BFH an das Merkmal der Mitunternehmerinitiative eher bescheiden sind.

Leitsatz 16

Mitunternehmerinitiative

Mitunternehmerinitiative bedeutet **Teilhabe an unternehmerischen Entscheidungen**, mindestens jedoch (etwas vereinfachend)

- ▶ **Stimmrechte,**
- ▶ **Kontrollrechte,**
- ▶ **Widerspruchsrechte**

wie sie einem Kommanditisten zustehen.

Mitunternehmerrisiko

Mitunternehmerrisiko bedeutet nach Auffassung des BFH gesellschaftsrechtliche (oder dieser wirtschaftlich vergleichbare) Teilhabe am Erfolg oder Misserfolg des Unternehmens. Dieses Risiko wird regelmäßig durch Beteiligung am Gewinn und Verlust sowie an den stillen Reserven einschließlich eines Geschäftswerts vermittelt.

Allerdings ist es für die Annahme von Mitunternehmerrisiko ausreichend, wenn ein Gesellschafter **persönlich und unbeschränkt** für die Schulden der Gesellschaft **haftet** und weder am Gewinn und Verlust noch an den stillen Reserven beteiligt ist. Dieses dann nur gering ausgeprägte Mitunternehmerrisiko kann durch eine stark ausgeprägte Mitunternehmerinitiative **kompensiert** werden.

Fall 16
Bei der AB-KG haben Komplementär A, der die Geschäfte führt, und Kommanditist B intern eine Haftungsregelung vereinbart. Demnach übernimmt B die Schulden, falls A persönlich in Haftung genommen werden sollte.

Trägt A aufgrund dieser Haftungsbeschränkung ein Mitunternehmerrisiko?

Eine stark ausgeprägte Mitunternehmerinitiative kann ein nur schwaches Mitunternehmerrisiko kompensieren. Dies gilt selbst dann, wenn ein Gesellschafter im **Innenverhältnis** von den anderen Gesellschaftern **von der Haftung freigestellt** wird. Das ist insofern auch nachvollziehbar, da letztlich nicht ausgeschlossen ist, dass die im Innenverhältnis verpflichteten Gesellschafter dieser Verpflichtung letztlich (z.B. wegen wirtschaftlicher Schwierigkeiten) nicht nachkommen.

Im **Fall 16** ist der im Innenverhältnis durch den Kommanditisten B von der Haftung freigestellte Komplementär A als Mitunternehmer anzusehen, da die unmittelbare Außenhaftung dadurch nicht beseitigt wird. Er trägt mithin Mitunternehmerrisiko und kann durch seine Stellung als Komplementär (Geschäftsführungsbefugnis!) eine nicht unerhebliche Mitunternehmerinitiative entfalten.

Leitsatz 17

Mitunternehmerrisiko

Mitunternehmerrisiko bedeutet **Teilhabe am Erfolg oder Misserfolg** des Unternehmens. Regelmäßig ist darunter die Beteiligung am Gewinn und Verlust sowie an den stillen Reserven einschließlich eines Geschäftswerts des Unternehmens zu verstehen, mindestens jedoch die **unbeschränkte Haftung** für die Schulden der Gesellschaft.

3. Merkmal: Gewerblichkeit der Personengesellschaft

Die unmittelbare Anwendung des § 15 Abs. 1 Nr. 2 EStG setzt die Gewerblichkeit der Personengesellschaft voraus. Die Gewerblichkeit einer Personengesellschaft ergibt sich regelmäßig dadurch, dass sie den Tatbestand der gewerblichen Betätigung gem. § 15 Abs. 2 EStG verwirklicht.

Fall 17

Die Eheleute M und F sind je zur Hälfte Miteigentümer eines Ferienhauses auf der Insel Borkum, das Teil einer über Jahre gewachsenen Urbanisation ist. Sie nutzen das Haus teilweise selbst und teilweise vermieten sie es an Dritte. Hierzu schließen sie entsprechende (Kurz-)Mietverträge ab. Die Mieterträge versteuert die MF-Vermietungs-GbR bei ihrem Wohnsitzfinanzamt.

Ist die MF-Vermietungs-GbR gewerblich tätig?

In § 15 Abs. 2 EStG heißt es:

„Eine selbstständige nachhaltige Betätigung, die mit der Absicht, Gewinn zu erzielen, unternommen wird und sich als Beteiligung am allgemeinen wirtschaftlichen Verkehr darstellt, ist Gewerbebetrieb, wenn die Betätigung weder als Ausübung von Land-und Forstwirtschaft noch als Ausübung eines freien Berufs noch als eine andere selbstständige Arbeit anzusehen ist."

Von einer gewerblichen Betätigung und damit einem Gewerbebetrieb ist also auszugehen, wenn die folgenden positiven und negativen Voraussetzungen erfüllt sind:

Positive Voraussetzungen:

- ▶ Selbstständigkeit
- ▶ Nachhaltigkeit
- ▶ Gewinnerzielungsabsicht
- ▶ Beteiligung am allgemeinen wirtschaftlichen Verkehr

Negative Voraussetzungen:

- keine Land- und Forstwirtschaft

- keine selbstständige Arbeit

Durch die Rechtsprechung des BFH wurde noch ein weiteres Merkmal entwickelt, wonach die Tätigkeit

- keine private Vermögensverwaltung

(z.B. Vermietung von Eigentumswohnungen, Anlage von Wertpapieren) darstellen darf.

Übersicht 6: Gewerbebetrieb kraft gewerblicher Betätigung (§ 15 Abs. 2 EStG)

Positive Voraussetzungen	Negative Voraussetzungen
Selbständigkeit	keine Land- und Forstwirtschaft (§ 13 EStG)
Nachhaltigkeit	keine selbständige Arbeit (§ 18 EStG)
Gewinnerzielungsabsicht	keine private Vermögensverwaltung
Beteiligung am allg. wirtschaftlichen Verkehr	

Für den Fall 17 kann zunächst festgestellt werden, dass die positiven Voraussetzungen für eine gewerbliche Betätigung vorliegen. M und F vermieten das Ferienhaus selbständig, nachhaltig über einen längeren Zeitraum, sie versuchen mit der Vermietung Gewinne zu erzielen und ihr Angebot richtet sich an alle Urlaubsuchenden, sie beteiligen sich damit am allgemeinen wirtschaftlichen Verkehr. Allerdings muss geprüft werden, ob die Vermietung des Ferienhauses an kurzfristig wechselnde Mieter private Vermögensverwaltung ist oder ob bereits eine gewerbliche Vermietung anzunehmen ist.

Die Rechtsprechung des BFH und ihr folgend die Finanzverwaltung (H 15.7 Abs. 2 EStH „Ferienwohnung") qualifizieren die Vermietung (einer oder mehrerer) Ferienwohnungen als gewerblich (und damit als Gewerbebetrieb), wenn die Ferienwohnung in einer Ferienwohnanlage hotelmäßig angeboten wird, d.h. für kurzfristiges Wohnen eingerichtet ist, zu einer einheitlichen Wohnanlage gehört und die Werbung und Verwaltung einer Feriendienstorganisation übertragen ist (BFH vom 13.11.1996 XI R 31/95 und BFH vom 17.3.2009 IV B 52/08).

Das Ferienhaus der MF-Vermietungs-GbR gehört nicht zu einer einheitlichen Wohnanlage, sondern ist Teil einer über Jahre gewachsenen Urbanisation. Werbung und Verwaltung des Hauses sind keiner Feriendienstorganisation übertragen, sondern werden von den Eheleuten selbst erledigt. Im Ergebnis ist im Fall 17 die MF-Vermietungs-GbR nicht gewerblich sondern privat vermögensverwaltend tätig und erzielt Einkünfte aus Vermietung und Verpachtung.

Dies hat den Vorteil, dass das Ferienhaus kein Betriebsvermögen ist und im Falle eines späteren Verkaufs die stillen Reserven (Verkaufspreis ./. ursprünglicher Kaufpreis ./. Abschreibungen) nicht zu versteuern sind.

Leitsatz 18

Gewerbliche Mitunternehmerschaft

Eine gewerbliche Mitunternehmerschaft ist eine **gewerblich tätige Personengesellschaft**, deren Gesellschafter **Mitunternehmer** sind.

Zum Ende unserer Lektion zur gewerblichen Mitunternehmerschaft soll noch auf zwei Besonderheiten und eine interessante Konsequenz hingewiesen werden, und zwar auf:

▶ die gewerblich infizierte Personengesellschaft,

▶ die gewerblich geprägte Personengesellschaft,

▶ verbotene Geschäfte.

Besonderheit 1: Gewerblich infizierte Personengesellschaft

■ Fall 18
Die A-OHG betreibt ein Kerzenfachgeschäft. Das im Eigentum der OHG stehende Geschäftsgebäude beherbergt das Ladenlokal sowie fünf Wohnungen, die an private Mieter vermietet werden.

Welche Einkunftsarten erzielt die A-OHG?

Besonderheiten entstehen, wenn Personengesellschaften nur teilweise gewerblich tätig sind. Dies führt gem. § 15 Abs. 3 Nr. 1 EStG dazu, dass die nicht gewerblichen Tätigkeiten der Personengesellschaft als gewerblich qualifiziert werden (sog. Abfärberegelung).

Übt also eine Personengesellschaft neben einer nicht gewerblichen Tätigkeit (§§ 13, 18, 20, 21 EStG) zugleich eine gewerbliche Tätigkeit aus, dann gilt die gesamte Tätigkeit der Personengesellschaft als gewerblich. Die nicht gewerbliche Tätigkeit wird also durch die gewerbliche Tätigkeit „infiziert". Man spricht daher auch von einer gewerblich infizierten Personengesellschaft.

In Fall 18 des Kerzenladens haben wir es, trotz der gemischten Tätigkeit der A-OHG, mit einem einheitlichen Gewerbebetrieb zu tun. Aufgrund der Abfärberegelung werden die Vermietungseinkünfte der A-OHG als gewerblich qualifiziert.

Die nachteiligen Folgen (u.a. die Belastung des nicht gewerblichen Teils der Tätigkeit mit Gewerbesteuer) können häufig durch die Gründung verschiedener Gesellschaften vermieden werden.

Lediglich äußerst geringfügige gewerbliche Einnahmen führen wegen des Grundsatzes der Verhältnismäßigkeit nicht zur gewerblichen Infektion (Bagatellgrenze). Nach drei Grundsatzentscheidungen des BFH sind gewerbliche Umsätze bis zu 3% des Gesamtumsatzes unschädlich, wenn sie außerdem die absolute Grenze von 24.500 € nicht übersteigen (BFH vom 27.8.2014 VIII R 6/12, VIII R 16/11 und VIII R 41/11).

Leitsatz 19

Gewerblich infizierte Personengesellschaft

Übt eine Personengesellschaft neben einer nicht gewerblichen Tätigkeit (§§ 13, 18, 20, 21 EStG) **zugleich** eine **gewerbliche Tätigkeit** aus, dann gilt die **gesamte Tätigkeit** der Personengesellschaft als **gewerblich**, sofern die Bagatellgrenze (3% des Umsatzes, max. 24.500 €) überschritten ist.

Besonderheit 2: Gewerblich geprägte Personengesellschaft

 Fall 19

A ist Alleingesellschafter der A-GmbH & Co. KG. Die Gesellschaft beschränkt ihre Tätigkeit auf die Vermietung eines Grundstücks.

Welche Einkunftsart erzielt die A-GmbH & Co. KG?

Eine weitere Besonderheit liefert § 15 Abs. 3 Nr. 2 EStG. Demnach gilt als Gewerbebetrieb die mit Einkünfteerzielungsabsicht unternommene vermögensverwaltende Tätigkeit einer gewerblich geprägten Personengesellschaft. Eine gewerblich geprägte Personengesellschaft ist dadurch gekennzeichnet, dass ausschließlich eine oder mehrere Kapitalgesellschaften persönlich haftende Gesellschafter sind und nur diese oder Personen, die nicht Gesellschafter sind, zur Geschäftsführung befugt sind.

Der Alleingesellschafter A der A-GmbH & Co. KG in Fall 19 kann die Einkunftsart durch entsprechende Gestaltung selbst bestimmen:

Möglichkeit 1: Als gewerblich gilt die Tätigkeit der A-GmbH & Co. KG, wenn die Komplementär-GmbH (vertreten durch den A) Geschäftsführerin der KG ist. In diesem Fall sind die tatbestandlichen Voraussetzungen für eine gewerblich geprägte Personengesellschaft nach § 15 Abs. 3 Nr. 2 EStG gegeben. Die vermögensverwaltende A-GmbH & Co. KG erzielt keine Einkünfte aus Vermietung und Verpachtung, sondern Einkünfte aus Gewerbebetrieb und ist damit auch gewerbesteuerpflichtig (§ 2 Abs. 1 Satz 2 GewStG).

Möglichkeit 2: Wenn jedoch A als Kommanditist die Geschäftsführung der KG übernimmt, ist eine Person, die Gesellschafter ist, zur Geschäftsführung befugt. Die Voraussetzungen des § 15 Abs. 3 Nr. 2 EStG sind nicht vollständig erfüllt. Damit erzielt die A-GmbH & Co. KG Einkünfte aus Vermietung und Verpachtung und ist nicht gewerbesteuerpflichtig.

Hinweis: *Kapitalgesellschaften gelten gem. § 8 Abs. 2 Körperschaftsteuergesetz (KStG) stets als Gewerbebetriebe und erzielen (unabhängig von ihrer tatsächlichen Tätigkeit) immer Einkünfte aus Gewerbebetrieb. Insofern ist die gewerblich geprägte Personengesellschaft der Kapitalgesellschaft gleichgestellt.*

Leitsatz 20

Gewerblich geprägte Personengesellschaft

Eine Personengesellschaft, die keine gewerbliche Tätigkeit ausübt, bei der aber

– ausschließlich eine oder mehrere **Kapitalgesellschaften persönlich haftende Gesellschafter** sind und

– **nur diese** oder Personen, die **nicht Gesellschafter** sind, zur **Geschäftsführung** befugt sind,

ist eine gewerblich geprägte Personengesellschaft, deren mit Einkünfteerzielungsabsicht unternommene Tätigkeit als Gewerbebetrieb **gilt**.

Klassischer Fall der gewerblich geprägten Personengesellschaft ist die typische GmbH & Co. KG.

Das Letzte: Verbotene Geschäfte

Fall 20

Die Unterweltgrößen A und Z betreiben einen lebhaften Handel mit Kokain. Nach ihrer Festnahme wurden sie wegen gemeinschaftlichen Handels und Besitzes einer erheblichen Menge von Kokain zu Freiheitsstrafen verurteilt. Im Strafprozess wurde festgestellt, dass ihre Einnahmen aus dem Verkauf des Kokains 500.000 € betrugen. Die Aufwendungen für den Kokaineinkauf einschließlich der Transportkosten beliefen sich auf 100.000 €. Unter Hinweis auf die Feststellungen des Strafurteils stellt ihnen das Finanzamt einen Bescheid über die einheitliche und gesonderte Feststellung der Einkünfte einer aus A und Z bestehenden GbR mit dem Gesellschaftszweck „Rauschgifthandel" zu. Mit dem Bescheid wird ein Gewinn von 400.000 € festgestellt.

Zu Recht?

Für die Annahme einer gewerblichen Betätigung ist es unerheblich, ob die Tätigkeit erlaubt oder verboten, sittlich oder unsittlich ist. Entscheidend ist, dass sich die Beteiligten selbst an das Geschäft gebunden fühlen.

Eine Besteuerung wird also nicht dadurch ausgeschlossen, dass eine Betätigung, die den Steuertatbestand erfüllt, gegen ein gesetzliches Verbot oder gegen die guten Sitten verstößt. Somit können auch durch illegales Glücksspiel, Hehlerei, Schwarzhandel oder Rauschgifthandel Gewerbebetriebe entstehen (so im Ergebnis der BFH in seinem diesem Fall entsprechenden Urteil vom 6.4.2000 IV R 31/99).

Die Unterweltgrößen aus Fall 20 werden schon sehr dumm geschaut haben, als ihnen die Steuerpflicht bewusst wurde.

Hinweis: Dies ist allerdings nicht nur eine Anekdote, sondern von großer Bedeutung für den Graubereich zwischen legalen und illegalen Geschäften. Wenn ein Unternehmen etwa Schusswaffen produziert, so hat es keinen Einfluss auf die Steuerpflicht, ob eine besondere Waffenlieferung letztendlich mit oder ohne gültige Verkaufslizenzen abgewickelt wurde.

III. Laufende Besteuerung

Lektion 6: Betriebsvermögen der Personengesellschaft

Die folgenden Ausführungen zur laufenden Besteuerung von Personengesellschaften beschränken sich aus Gründen der Übersichtlichkeit auf gewerbliche Mitunternehmerschaften. Daher wird von Personengesellschaften bzw. Personenhandelsgesellschaften (OHG, KG) stets im Sinne von gewerblichen Mitunternehmerschaften gesprochen (vgl. Leitsatz 18).

Die laufende Besteuerung des Gewinns erfordert eine jährliche Gewinnermittlung. Das Handelsgesetzbuch (HGB) sieht für Personengesellschaften keine besonderen Gewinnermittlungsvorschriften vor. Personenhandelsgesellschaften sind als Kaufleute (§ 6 HGB) verpflichtet eine Handelsbilanz aufzustellen. Es gelten (wie für alle Kaufleute) die Buchführungspflichten (§§ 238 – 245 HGB) sowie die Bilanzierungs- und Bewertungsvorschriften (§§ 246 – 256 HGB).

Die steuerliche Gewinnermittlung erfolgt regelmäßig (soweit nicht eine Einnahmen-Überschuss-Rechnung nach § 4 Abs. 3 EStG in Betracht kommt) entsprechend der allgemeinen Gewinndefinition des § 4 Abs. 1 EStG nach dem folgenden Schema:

Betriebsvermögen am Schluss des Wirtschaftsjahres
./. Betriebsvermögen am Schluss des vorangegangenen Wirtschaftsjahres
+ Entnahmen der Gesellschafter im Wirtschaftsjahr
./. Einlagen der Gesellschafter im Wirtschaftsjahr
= steuerpflichtiger Gewinn des Wirtschaftsjahres

Der steuerpflichtige Gewinn ist also das Ergebnis eines Betriebsvermögensvergleichs. Daraus ergibt sich die Notwendigkeit der Definition und Abgrenzung des steuerlichen Betriebsvermögens. Ausgangspunkt dieser Definition und Abgrenzung ist das handelsrechtliche Betriebsvermögen der Gesellschaft.

Handelsrechtliches Betriebsvermögen

Fall 21

Die Gemüsehandel-OHG erwirbt ein Grundstück mit aufstehendem Gebäude. Sie wird im Grundbuch als Eigentümerin eingetragen und nimmt zur Finanzierung des Erwerbs ein Bankdarlehen auf.

Wie ist dieser Vorgang handelsrechtlich zu beurteilen?

Obwohl Personengesellschaften keine eigene Rechtspersönlichkeit besitzen (anders Kapitalgesellschaften = juristische Personen) können sie bürgerlich-rechtliches Eigentum erwerben. Es handelt sich dabei um Vermögen der Gesellschaft. Ebenso können auch Schulden erworben werden.

Entscheidend für die handelsrechtliche Zuordnung von Vermögensgegenständen zum Betriebsvermögen für die Zwecke der Rechnungslegung ist nicht das bürgerlich-rechtliche Eigentum, sondern das wirtschaftliche Eigentum. Wirtschaftlicher Eigentümer ist i.d.R. der bürgerlich-rechtliche Eigentümer, da er als solcher auch im Besitz des Vermögensgegenstandes ist und ihn zur Erzielung von Erträgen einsetzt.

Wirtschaftlicher Eigentümer ist aber auch derjenige, der (ohne bürgerlich-rechtlicher Eigentümer zu sein) die tatsächliche Sachherrschaft über einen Vermögensgegenstand in der Weise ausübt, dass dadurch der nach bürgerlichem Recht Berechtigte (= Eigentümer) wirtschaftlich auf Dauer von der Einwirkung ausgeschlossen ist. Diese wirtschaftliche Betrachtungsweise gilt sowohl handels- als auch steuerrechtlich (vgl. § 39 Abs. 2 Nr. 1 AO).

Beachte: *Der bloße Besitz (= tatsächliche Sachherrschaft im bürgerlich-rechtlichen Sinne) reicht nicht aus, um wirtschaftlicher Eigentümer zu sein. Es muss als weiterer Tatbestand hinzutreten, dass der Besitzer den Eigentümer wirtschaftlich auf Dauer von der Einwirkung auf die Sache ausschließen kann.*

Es ist also zu unterscheiden zwischen:

▶ tatsächlicher Sachherrschaft im bürgerlich-rechtlichen Sinne (= Besitz) und

▶ tatsächlicher Sachherrschaft im handels- und steuerrechtlichen Sinne
(= bürgerlich-rechtlicher Besitz und die Möglichkeit, den Eigentümer auf Dauer von der Einwirkung ausschließen zu können).

Leitsatz 21

Maßgeblichkeit des wirtschaftlichen Eigentums

Die handelsrechtliche Zuordnung von Vermögensgegenständen zum **Betriebsvermögen** für Zwecke der Rechnungslegung richtet sich danach, wer **wirtschaftlicher Eigentümer** des Vermögensgegenstandes ist. Dies ist in der Regel der bürgerlich-rechtliche Eigentümer. In Ausnahmefällen, bei dauerhaftem wirtschaftlichen Ausschluss des Eigentümers, der Besitzer.

Das Gesellschaftsvermögen und die Gesellschaftsschulden sind also regelmäßig handelsrechtliches Betriebsvermögen und in der Handelsbilanz zu aktivieren (Aktiva = Vermögen der Gesellschaft) bzw. zu passivieren (Passiva = Schulden der Gesellschaft).

Im Fall 21 hat die Gemüsehandel-OHG Gesellschaftsvermögen und Gesellschaftsschulden erworben. Das Grundstück mit Gebäude ist in der Handelsbilanz mit seinen Anschaffungskosten zu aktivieren (§§ 246 Abs. 1, 253 Abs. 1 Satz 1 HGB). Die Bankschuld ist mit dem Rückzahlungsbetrag zu passivieren (§§ 246 Abs. 1, 253 Abs. 1 Satz 2 HGB).

Fall 22

Die Gemüsehandel-OHG erwirbt nun von der Maschinen-GmbH am 1.3.01 eine Sortiermaschine. Der Kaufpreis beträgt 50.000 € und ist in zehn monatlichen Raten zu begleichen. Vereinbarungsgemäß bleibt die Maschinen-GmbH bis zur vollständigen Kaufpreiszahlung Eigentümerin der Maschine.

Wie ist dieser Kauf unter Eigentumsvorbehalt handelsrechtlich zu beurteilen?

Zum handelsrechtlichen Betriebsvermögen gehören neben den Vermögensgegenständen, die im bürgerlich-rechtlichen (damit regelmäßig auch im wirtschaftlichen) Eigentum der Gesellschaft stehen auch solche, die lediglich im wirtschaftlichen Eigentum der Gesellschaft stehen (vgl. Leitsatz 21).

Für den Fall 22 kann festgestellt werden, dass beim Kauf unter Eigentumsvorbehalt die Gemüsehandel-OHG bereits mit der Übergabe der Maschine am 1.3.01 die tatsächliche Sachherrschaft (im handels- und steuerrechtlichen Sinne) über die Maschine erlangt und damit als wirtschaftliche Eigentümerin anzusehen ist. Sie hat die Maschine in ihrer Handelsbilanz zu aktivieren (§§ 246 Abs. 1, 253 Abs. 1 Satz 1 HGB).

Fragen der wirtschaftlichen Zurechnung betreffen neben Eigentumsvorbehalten insbesondere auch Leasinggeschäfte, Sicherungsübereignungen und Kommissionsgeschäfte.

Fall 23

Unsere Gemüsehandel-OHG erwirbt nun auch ein Zweifamilienhaus, das vom den Gesellschaftern E und F unentgeltlich und ausschließlich privat genutzt wird.

Wie ist der Erwerb der Immobilie a) handelsrechtlich und b) steuerrechtlich zu behandeln?

Aus handelsrechtlicher Sicht kommt es (anders als im Steuerrecht, wie wir noch sehen werden) nicht darauf an, ob die Vermögensgegenstände von der Gesellschaft betrieblich genutzt werden. Folglich sind Vermögensgegenstände des Gesellschaftsvermögens auch dann handelsrechtliches Betriebsvermögen, wenn sie von den Gesellschaftern ausschließlich für private Zwecke genutzt werden.

Zur Frage a): Im Fall 23 gehört das Zweifamilienhaus also zum handelsrechtlichen Betriebsvermögen und ist in der Handelsbilanz mit den Anschaffungskosten zu aktivieren (§§ 246 Abs. 1, 253 Abs. 1 Satz 1 HGB).

Steuerrechtliches Betriebsvermögen

Bereits in den vorangegangenen Lektionen wurde deutlich, dass sich das steuerrechtliche Betriebsvermögen zusammensetzt aus (R 4.2 Abs. 2 Satz 1 EStR):

- dem steuerlichen Gesellschaftsvermögen der Gesellschaft und
- dem Sonderbetriebsvermögen ihrer Gesellschafter.

Im Folgenden werden wir uns zunächst mit dem Umfang des steuerrechtlichen Betriebsvermögens in der Gesellschaftsbilanz und danach mit dem steuerrechtlichen Sonderbetriebsvermögen in den Sonderbilanzen der Gesellschafter befassen.

Leitsatz 22

Steuerrechtliches Betriebsvermögen

Das steuerrechtliche Betriebsvermögen einer Personengesellschaft setzt sich zusammen aus dem **steuerlichen Gesellschaftsvermögen**, das in der Gesellschaftsbilanz erfasst wird und dem **Sonderbetriebsvermögen** der Gesellschafter, das in Sonderbilanzen erfasst wird.

Steuerliches Gesellschaftsvermögen

Aus dem Grundsatz der Maßgeblichkeit der Handelsbilanz für die Steuerbilanz (§ 5 Abs. 1 Satz 1 EStG) folgt, dass die Ausgangsbasis für die Erfassung von Wirtschaftsgütern als Betriebsvermögen deren handelsrechtliche Behandlung ist. Nur wenn zwingende steuerrechtliche Vorschriften der handelsrechtlichen Bilanzierung entgegenstehen, wird der Grundsatz der Maßgeblichkeit durchbrochen.

Hinweis: *Der steuerrechtliche Begriff „Wirtschaftsgut" anstelle des handelsrechtlichen Begriffes „Vermögensgegenstand" bedeutet keine Unterscheidung rechtlicher Art. Die Begriffe sind im Wesentlichen deckungsgleich.*

Zu einer Durchbrechung des Maßgeblichkeitsprinzips kommt es insbesondere, wenn die Zugehörigkeit zum handelsrechtlichen Betriebsvermögen nicht betrieblich veranlasst ist.

Damit kann die Frage b) beantwortet werden. Das Zweifamilienhaus aus Fall 23 ist zwar handelsrechtliches Betriebsvermögen der OHG, steuerlich gehört es aber nicht zum Gesellschaftsvermögen der OHG. Es ist dem

Privatvermögen der Gesellschafter zuzuordnen, da es ausschließlich für private Zwecke der Gesellschafter bestimmt ist.

Nach dieser auf die Rechtsprechung des BFH zurückgehenden Auffassung können also Bestandteile des bürgerlich-rechtlichen Gesellschaftsvermögens einer Personengesellschaft, die zudem handelsrechtliches Betriebsvermögen sind, steuerliches Privatvermögen sein. Die Maßgeblichkeit des § 5 Abs. 1 Satz 1 EStG gilt also nur für Wirtschaftsgüter des steuerlichen Betriebsvermögens, nicht jedoch für steuerliches Privatvermögen.

Fall 24

Wie wäre der Fall 23 zu beurteilen, wenn die Gemüsehandel-OHG das erworbene Zweifamilienhaus an die Gesellschafter E und F für private Zwecke vermietet?

Handelt es sich bei dem vermieteten Zweifamilienhaus um steuerliches Betriebsvermögen der OHG?

Wenn die Vermietung der Gemüsehandel-OHG an ihre Gesellschafter im Fall 24 einem Fremdvergleich standhält (insbesondere angemessener Mietzins), ist das Zweifamilienhaus handelsrechtliches und steuerrechtliches Betriebsvermögen. Das Zweifamilienhaus dient der Gesellschaft, da die Mietzahlungen des E und des F den Gewinn der OHG erhöhen. Grundstücksaufwendungen sind Betriebsausgaben und mindern den Gewinn.

Nach § 15 Abs. 3 Nr. 1 EStG (Abfärberegelung) werden die Einkünfte aus der Vermietung des Zweifamilienhauses in gewerbliche Einkünfte umqualifiziert (vgl. Leitsatz 19).

Hier nun zum steuerlichen Gesellschaftsvermögen die Übersicht 7.

Übersicht 7: Steuerliches Gesellschaftsvermögen

▶ **Grundsatz** der Maßgeblichkeit

Das **handelsrechtliche Betriebsvermögen** einer Personengesellschaft ist **grundsätzlich auch steuerliches Gesellschaftsvermögen**. Demnach ist handelsrechtlich nicht bilanzierungsfähiges Vermögen auch steuerlich kein Gesellschaftsvermögen.

> ▶ **Durchbrechung** der Maßgeblichkeit
>
> Allerdings ist handelsrechtliches Betriebsvermögen nicht in allen Fällen steuerliches Gesellschaftsvermögen. In **Ausnahmefällen** ist es **notwendiges Privatvermögen** der Gesellschafter, wenn Wirtschaftsgüter auf Dauer einem oder mehreren Gesellschaftern dienen.
>
> Mit dem Zusatz „notwendiges" (Privatvermögen) wird zum Ausdruck gebracht, dass die Zuordnung (zum Privatvermögen) **zwingend** ist. Stünde die Zuordnung im **Belieben** des Mitunternehmers, würde man von „gewillkürtem" Privatvermögen sprechen.

Sonderbetriebsvermögen

Fall 25

A ist an der ABC-OHG zu ⅓ beteiligt. Ab dem 1.5.05 vermietet er ein ihm gehörendes, im Privatvermögen befindliches Grundstück an die ABC-OHG. Die Anschaffungskosten des Grundstücks haben im Jahre 01 50.000 € betragen, der Teilwert im Zeitpunkt des Mietbeginns beträgt 100.000 €.

Wie ist dieser Sachverhalt steuerlich zu behandeln?

In die steuerliche Gewinnermittlung durch Betriebsvermögensvergleich bei Personengesellschaften wird nicht nur das steuerliche Gesellschaftsvermögen, sondern auch das Sonderbetriebsvermögen der Gesellschafter einbezogen (R 4.2 Abs. 2 Satz 1 EStR).

Zum Sonderbetriebsvermögen der Gesellschafter gehören solche Wirtschaftsgüter, die zwar nicht Gesellschaftsvermögen sind,

▶ aber einem oder mehreren Gesellschaftern gehören und

▶ dem Bereich ihrer gewerblichen Betätigung im Rahmen der Personengesellschaft zuzuordnen sind.

Die Zusammenführung von Gesellschaftsvermögen und Sonderbetriebsvermögen folgt der Betrachtung der Personengesellschaft und der Gesellschafter bezogen auf das Betriebsvermögen als wirtschaftliche Einheit.

Zudem ist das Sonderbetriebsvermögen die logische Folge der gesetzlichen Einordnung der Sondervergütungen als gewerbliche Einkünfte (§ 15 Abs. 1 Nr. 2 EStG).

Mithin unterscheidet sich das steuerrechtliche Betriebsvermögen vom handelsrechtlichen Betriebsvermögen im Wesentlichen durch das Sonderbetriebsvermögen des Steuerrechts und (in der Praxis nicht so bedeutsam) das gesellschaftlich gebundene steuerliche Privatvermögen (Gesellschaftsprivatvermögen). Die Übersicht 8 visualisiert diese Abgrenzung.

Übersicht 8: Abgrenzung der Betriebsvermögensbegriffe

Steuerrechtliches Betriebsvermögen		
Sonderbetriebs-vermögen	Gesellschafts-vermögen	Gesellschafts-privatvermögen
	Handelsrechtliches Betriebsvermögen	

Aus fiskalischer Sicht wird mit der Einbeziehung des Sonderbetriebsvermögens in die steuerliche Gewinnermittlung das Aufkommen der Gewerbesteuer (Berücksichtigung von Sonderbetriebseinnahmen und -ausgaben bei der Ermittlung des Gewerbeertrags) gesichert. Zudem kommt es bei Ausscheiden aus dem Sonderbetriebsvermögen (z.B. durch Veräußerung oder Entnahme) zur Besteuerung der in den Wirtschaftsgütern enthaltenen stillen Reserven.

Das Grundstück in Fall 25 gehört dem Gesellschafter A und ist damit kein Gesellschaftsvermögen. Es ist jedoch trotzdem dem Bereich der gewerblichen Betätigung des A zuzuordnen, da er das Grundstück der Gesellschaft zur Nutzung überlassen hat. Es ist daher ab dem 1.5.01 (notwendiges) Sonderbetriebsvermögen des A und mit dem Teilwert anzusetzen (§ 6

Abs. 1 Nr. 5 EStG). Die Mietzahlungen sind bei der OHG Betriebsausgaben und beim Gesellschafter Sonderbetriebseinnahmen. Sie haben folglich keinen Einfluss auf den Gesamtgewinn, sorgen aber dafür, dass die Mieteinnahmen als Einkünfte aus Gewerbebetrieb nicht bei allen Gesellschaftern, sondern nur bei Gesellschafter A versteuert werden.

Hinweis: *„Teilwert ist der Betrag, den ein Erwerber des ganzen Betriebs im Rahmen des Gesamtkaufpreises für das einzelne Wirtschaftsgut ansetzen würde; dabei ist davon auszugehen, dass der Erwerber den Betrieb fortführt"* (§ 6 Abs. 1 Nr. 1 Satz 3 EStG). *Regelmäßig entspricht der Teilwert dem Verkehrswert.*

Leitsatz 23

Sonderbetriebsvermögen

Wirtschaftsgüter, die
- einem oder mehreren **Gesellschaftern gehören** und
- dem **Bereich ihrer gewerblichen Betätigung** zuzuordnen sind,

sind Sonderbetriebsvermögen der Gesellschafter.

Die angesprochene Zuordnung zum Bereich der gewerblichen Betätigung kann darauf beruhen, dass das betreffende Wirtschaftsgut (vgl. R 4.2 Abs. 2 Satz 2 und 3 EStR!)

▶ unmittelbar dem Betrieb der Personengesellschaft dient
(notwendiges Sonderbetriebsvermögen I).

▶ unmittelbar der Begründung oder Stärkung der Beteiligung des Gesellschafters dient
(notwendiges Sonderbetriebsvermögen II).

▶ objektiv geeignet und subjektiv dazu bestimmt ist, den Betrieb der Personengesellschaft zu fördern.
(gewillkürtes Sonderbetriebsvermögen I).

▶ objektiv geeignet und subjektiv dazu bestimmt ist, die Beteiligung des Gesellschafters zu fördern
(gewillkürtes Sonderbetriebsvermögen II).

Es können also vier Kategorien von Sonderbetriebsvermögen unterschieden werden.

Zunächst kann hier festgestellt werden, dass die Unterscheidung in die beiden Kategorien Sonderbetriebsvermögen I und Sonderbetriebsvermögen II lediglich der Systematisierung dient; steuerliche Folgen sind mit der Unterscheidung regelmäßig nicht verbunden. Etwas vereinfachend kann man sagen, Sonderbetriebsvermögen I fördert die Personengesellschaft und Sonderbetriebsvermögen II fördert die Beteiligung des Gesellschafters.

Übersicht 9: Kategorien von Sonderbetriebsvermögen

Sonderbetriebsvermögen I	▶	fördert die **Personengesellschaft**.
Sonderbetriebsvermögen II	▶	fördert die **Beteiligung des Gesellschafters**.
Notwendiges Sonderbetriebsvermögen	▶	ist zwingend als Sonderbetriebsvermögen zu behandelndes Vermögen **(kein Wahlrecht)**.
Gewillkürtes Sonderbetriebsvermögen	▶	bedeutet, dass die Behandlung des Vermögens in das Belieben des Gesellschafters gestellt ist **(Wahlrecht)**.

Der Unterschied zwischen notwendigem Sonderbetriebsvermögen und gewillkürtem Sonderbetriebsvermögen ist insofern von Bedeutung, dass notwendiges Sonderbetriebsvermögen zwingend als Sonderbetriebsvermögen zu behandeln ist und bei gewillkürtem Sonderbetriebsvermögen ein Wahlrecht für den Gesellschafter besteht, solche Wirtschaftsgüter als Sonderbetriebsvermögen zu behandeln oder sie schlicht im Privatvermögen zu belassen.

Notwendiges Sonderbetriebsvermögen

Nachfolgend wollen wir anhand einiger Fälle diese Systematik der vier Kategorien mit Leben füllen und zwar aufgeteilt in die zwei Bereiche:

▶ Notwendiges Sonderbetriebsvermögen

▶ Gewillkürtes Sonderbetriebsvermögen

Fall 26

A und D haben sich mit Einlagen von je 50.000 € am 1.1.05 zur Möbel-OHG zusammengeschlossen. Die Einlagen wurden auf ein neu eröffnetes Bankkonto der OHG eingezahlt. Der A vermietet der OHG ein ihm gehörendes, seit dem 1.2.01 im Privatvermögen befindliches Grundstück (Teilwert 200.000 €) zur betrieblichen Nutzung. Gesellschafter D finanziert seine Einlage mit einem Bankdarlehen und zahlt dafür Darlehenszinsen in Höhe von 5 % jährlich.

Wie ist der Sachverhalt steuerlich zu behandeln?

Die Eröffnungsbilanz (Gesellschaftsbilanz) der Möbel-OHG weist auf der Aktivseite das Bankguthaben der OHG aus und auf der Passivseite die Kapitalkonten der Gesellschafter A und D.

Aktiva	Eröffnungsbilanz		Passiva
Bankguthaben	100.000 €	Kapital A	50.000 €
		Kapital D	50.000 €

Das Grundstück gehört dem Gesellschafter A und ist damit kein Gesellschaftsvermögen. Es ist jedoch trotzdem dem Bereich der gewerblichen Betätigung des A zuzuordnen, da er das Grundstück der Gesellschaft zur Nutzung überlässt und es damit **unmittelbar für betriebliche Zwecke** der AD-OHG genutzt wird. Es ist daher **notwendiges Sonderbetriebsvermögen I** des A und mit dem Teilwert anzusetzen (§ 6 Abs. 1 Nr. 5 EStG).

Die Zuordnung zum notwendigen Sonderbetriebsvermögen I ist unabhängig davon, ob der A das Grundstück der Möbel-OHG entgeltlich, teilentgeltlich oder unentgeltlich überlässt. Entscheidend ist allein, dass ihm das Grundstück gehört und es unmittelbar für betriebliche Zwecke der OHG genutzt wird.

Aktiva	Sonderbilanz des A		Passiva
Grundstück	200.000 €	Kapital	200.000 €

Das Bankdarlehen hat der Gesellschafter D aufgenommen und nicht die Möbel-OHG, mithin ist es kein (negatives) Gesellschaftsvermögen der Gesellschaft. Es ist dennoch der gewerblichen Betätigung des D zuzuordnen, da das Darlehen unmittelbar zur Begründung der Beteiligung an der OHG eingesetzt worden ist. Das Darlehen ist daher notwendiges Sonderbetriebsvermögen II des D und mit dem Teilwert (§ 6 Abs. 1 Nr. 5 EStG), der dem Nominalwert der Verbindlichkeit entspricht, anzusetzen.

Aktiva	Sonderbilanz des D		Passiva
Kapital D	50.000 €	Darlehen	50.000 €

Falls der D später einmal seine Beteiligung aufstockt und er das wieder mittels Bankdarlehen finanziert, dann setzt er dieses Darlehen unmittelbar zur Stärkung seiner Beteiligung an der OHG ein und es ist (ebenso wie das erste Darlehen zur Begründung der Beteiligung) notwendiges Sonderbetriebsvermögen II.

Fall 27

Gesellschafter der Dachdecker GmbH & Co. KG sind die Verwaltungs-GmbH als Komplementär sowie die Dachdecker D und G als Kommanditisten. D und G sind auch je zur Hälfte Gesellschafter der Verwaltungs-GmbH.

Dienen die Anteile des D und des G an der Verwaltungs-GmbH der Stärkung der Beteiligung der Gesellschafter? Wenn ja, welche Konsequenzen ergeben sich daraus?

Die Anteile der Kommanditisten D und G ermöglichen es ihnen über die Verwaltungs-GmbH (Komplementärin) Einfluss auf die Geschäftsführung der Dachdecker GmbH & Co. KG auszuüben. Dadurch wird ihre Stellung innerhalb der Dachdecker GmbH & Co. KG gestärkt.

Die Anteile an der Komplementär-GmbH führen also unmittelbar zu einer Stärkung der Beteiligung der Gesellschafter der KG. Damit gehören diese Anteile bei den Dachdeckern D und G zum notwendigen

Lektion 6: Betriebsvermögen der Personengesellschaft

Sonderbetriebsvermögen II. Im Falle einer Finanzierung der Anteile mit einem Bankdarlehen, wäre das Darlehen (das der Stärkung der Beteiligung dient) ebenfalls notwendiges (negatives) Sonderbetriebsvermögen II.

Nach ständiger Rechtsprechung des BFH ist zu beachten, dass die Anteile an der Komplementär-GmbH nur dann zum notwendigen Sonderbetriebsvermögen II gehört, wenn sich die Tätigkeit der Komplementär-GmbH auf die Geschäftsführung der KG beschränkt (Normalfall) oder diese daneben nur eine Tätigkeit von ganz untergeordneter Bedeutung ausübt. Andernfalls, wenn also die GmbH noch einen eigenen Geschäftsbetrieb von nicht ganz untergeordneter Bedeutung unterhält, können die Gesellschafter ihre Anteile als gewillkürtes Sonderbetriebsvermögen behandeln.

> **Leitsatz 24**
>
> **Notwendiges Sonderbetriebsvermögen**
>
> Wirtschaftsgüter, die einem oder mehreren Gesellschaftern gehören und
>
> I. unmittelbar für **betriebliche Zwecke der Personengesellschaft** genutzt werden oder
>
> II. unmittelbar zur **Begründung oder Stärkung der Beteiligung eines Gesellschafters** an der Personengesellschaft eingesetzt werden sollen,
>
> sind notwendiges Sonderbetriebsvermögen I bzw. II.

Gewillkürtes Sonderbetriebsvermögen

Fall 28
Gesellschafter B kauft ein unbebautes Grundstück in der Nähe des Betriebssitzes der Gartenbau-OHG an der er zu 50 % beteiligt ist. In naher Zukunft soll das Grundstück für den Betrieb der OHG genutzt werden oder als Tauschobjekt für ein direkt an den Betrieb angrenzendes Grundstück zur Verfügung stehen.

Gehört das unbebaute Grundstück zum (Sonder-)Betriebsvermögen oder ist es Privatvermögen?

Das Grundstück gehört dem Gesellschafter B und ist damit kein Gesellschaftsvermögen. Es wird auch (noch) nicht unmittelbar für die betrieblichen Zwecke der Gartenbau-OHG genutzt, d.h. es handelt sich auch nicht um notwendiges Sonderbetriebsvermögen I des B. Notwendiges Sonderbetriebsvermögen II liegt ebenfalls nicht vor, da das Grundstück nicht dazu bestimmt ist, die Beteiligung des B an der OHG zu Stärken.

Allerdings ist das Grundstück objektiv geeignet den Betrieb zu fördern, indem die Fläche den betrieblichen Erfordernissen entsprechend genutzt wird oder als Tauschobjekt eingesetzt wird. Auch ist es aufgrund der Absichten des B subjektiv dazu bestimmt den Betrieb zu fördern. Insofern hat der B die Möglichkeit (Wahlrecht!) das Grundstück als gewillkürtes Sonderbetriebsvermögen I in einer Sonderbilanz zu aktivieren.

Fall 29

Die Gesellschafter der Gartenbau-OHG aus Fall 28 (A und B zu je 50% beteiligt) sind auch Gesellschafter der Vermarktungs-GmbH (A und B zu je 50% beteiligt). Beide Gesellschaften unterhalten einen eigenen Geschäftsbetrieb. Die OHG hat Grundstücksteile an die GmbH verpachtet und die Gesellschaften sind durch Kooperationsmaßnahmen (Werbung, Vertrieb) miteinander verbunden.

Sind die Anteile der Gesellschafter an der GmbH (Sonder-)Betriebsvermögen oder Privatvermögen?

Die Anteile gehören den Gesellschaftern A und B und sind damit kein Gesellschaftsvermögen. Trotz der engen Verflechtung der GmbH und der OHG werden die GmbH-Anteile auch nicht unmittelbar für die betrieblichen Zwecke der OHG (notwendiges Sonderbetriebsvermögen I) oder unmittelbar zur Begründung oder Stärkung der Beteiligung der Gesellschafter (notwendiges Sonderbetriebsvermögen II) an der OHG eingesetzt. Die Bilanzierung als notwendiges Sonderbetriebsvermögen II erscheint zwar zunächst naheliegend, kommt aber nicht in Frage, da die GmbH eine eigene Tätigkeit von nicht ganz untergeordneter Bedeutung ausübt.

Die Gesellschafter haben jedoch ein Wahlrecht, die GmbH-Anteile als gewillkürtes Sonderbetriebsvermögen II zu behandeln. Durch die zwischen beiden Gesellschaften bestehende Verbindung ist die GmbH-Beteiligung objektiv geeignet den Betrieb der OHG zu fördern. Neben diese objektive Eignung muss noch die subjektive Widmung durch eine Bilanzierung im Sonderbetriebsvermögen treten.

Die Behandlung als gewillkürtes Sonderbetriebsvermögen setzt voraus, dass das Wirtschaftsgut in der Sonderbilanz des Gesellschafters oder auch fälschlicherweise in der Gesellschaftsbilanz aktiviert wird. Jedoch wird umgekehrt ein Wirtschaftsgut, das nicht dazu geeignet ist, den Betrieb der Personengesellschaft zu fördern kein gewillkürtes Sonderbetriebsvermögen, wenn es im Wege eines rein formalen Buchungsaktes in die Sonderbilanz eines Gesellschafters aufgenommen wird.

Leitsatz 25

Gewillkürtes Sonderbetriebsvermögen

Wirtschaftsgüter, die einem oder mehreren Gesellschaftern gehören und

I. objektiv **geeignet** und subjektiv **dazu bestimmt** sind, den **Betrieb der Personengesellschaft zu fördern** oder

II. objektiv **geeignet** und subjektiv **dazu bestimmt** sind, die **Beteiligung des Gesellschafters zu fördern**

sind gewillkürtes Sonderbetriebsvermögen I bzw. II.

Korrespondenzprinzip

Zwischen der Gesellschaftsbilanz und der Sonderbilanz gilt grundsätzlich das Korrespondenzprinzip. Aufwendungen der Gesamthand (Miete, Zinsen etc.) sind bei dieser Betriebsausgaben und im Sonderbetriebsvermögen Betriebseinnahmen. Dadurch verändern diese Zahlungen den Gesamtgewinn nicht.

Die nachfolgende Übersicht 10 verdeutlicht noch einmal den Umfang des steuerlichen Betriebsvermögens gewerblicher Mitunternehmerschaften.

Übersicht 10: Steuerrechtliches Betriebsvermögen gewerblicher Mitunternehmerschaften

Ausweis	Vermögensart
Betriebsvermögen der Gesellschaft, ausgewiesen in der **Steuerbilanz**	**Gesellschaftsvermögen** d.h. rechtliches bzw. wirtschaftliches Eigentum der Gesellschaft (§ 39 Abs. 2 Nr. 1 AO)
+ Sonderbetriebsvermögen I, ausgewiesen in der **Sonderbilanz** des betreffenden Gesellschafters	**Notwendiges Sonderbetriebsvermögen I** fördert die Gesellschaft unmittelbar. **Gewillkürtes Sonderbetriebsvermögen I** ist geeignet und dazu bestimmt, die Gesellschaft zu fördern.
+ Sonderbetriebsvermögen II, ausgewiesen in der **Sonderbilanz** des betreffenden Gesellschafters	**Notwendiges Sonderbetriebsvermögen II** fördert die Beteiligung des Gesellschafters unmittelbar. **Gewillkürtes Sonderbetriebsvermögen II** ist geeignet und dazu bestimmt, die Beteiligung des Gesellschafters zu fördern.

= Steuerrechtliches **Betriebsvermögen** gewerblicher Mitunternehmerschaften

Lektion 7: Wertkorrekturen durch Ergänzungsbilanzen

Wie wir in der vorangegangenen Lektion gesehen haben, werden in Sonderbilanzen der Gesellschafter (etwas vereinfachend gesprochen) solche Wirtschaftsgüter bilanziert,

▶ die den Gesellschaftern gehören und

▶ der Gesellschaft oder ihrer Beteiligung an der Gesellschaft dienen und damit dem Bereich ihrer betrieblichen Betätigung zuzuordnen sind.

Dagegen werden in sog. Ergänzungsbilanzen Korrekturen zu den Wertansätzen in der Gesellschaftsbilanz bilanziert, die auf einzelne Gesellschafter entfallen.

Typische Gründe für die Aufstellung einer Ergänzungsbilanz sind:

▶ Gesellschaftereintritt bzw. -wechsel,

▶ Übertragung von Wirtschaftsgütern in eine Mitunternehmerschaft nach § 6 Abs. 5 EStG,

▶ Einbringung eines Betriebs, Teilbetriebs oder Mitunternehmeranteils in eine Personengesellschaft (§ 24 UmwStG).

Gesellschaftereintritt bzw. -wechsel

Wenn ein neuer Gesellschafter eintritt, er einen Mitunternehmeranteil entgeltlich erwirbt und für seinen Anteil mehr oder weniger aufwendet, als ihm auf seinem Kapitalkonto in der Gesellschaftsbilanz gutgeschrieben wird, ergibt sich die Notwendigkeit einer gesellschafterbezogenen Wertkorrektur mittels einer Ergänzungsbilanz.

Beachte: In diesem Fall sind Gesellschaftsbilanz und Ergänzungsbilanz insofern eine Einheit, als sie zusammen die Steuerbilanz der Gesellschaft bilden. Ohne Ergänzungsbilanz(en) entsprechen sich Gesellschaftsbilanz und Steuerbilanz.

Was für den Gesellschaftereintritt gilt, gilt auch bei einem Gesellschafterwechsel. Hier muss der Eintretende regelmäßig die in den Wirtschaftsgütern enthaltenen stillen Reserven (Überbewertungen der Aktiva und/oder Unterbewertungen der Passiva) miterwerben. Da ein Ausweis seiner Anschaffungskosten in der Gesellschaftsbilanz nicht möglich ist, weist der Gesellschafter die Mehrbeträge in einer Ergänzungsbilanz aus.

Fall 30

An der Fischhandel-OHG sind die Gesellschafter A mit 80.000 €, B mit 40.000 € und C ebenfalls mit 40.000 € beteiligt. Für den A tritt am 1.1.02 D als Gesellschafter ein. Der D zahlt dem A für seinen Anteil 120.000 €. D erhält aber nur eine Beteiligung in Höhe von 80.000 € (Buchwert des Kapitals) an der Gesellschaft. Der Preis von 120.000 € ist deshalb vereinbart worden, weil stille Reserven in den Aktiva der Gesamthandsbilanz stecken.

Die Gesellschaftsbilanz hat zum 31.12.01 folgendes Aussehen:

Aktiva	Gesamthandsbilanz zum 31.12.01		Passiva
Grund und Boden	10.000 €	Kapital A	80.000 €
Gebäude	80.000 €	Kapital B	40.000 €
Geschäftsausstattung	40.000 €	Kapital C	40.000 €
Waren	40.000 €	Verbindlichkeiten	120.000 €
sonstige Aktiva	110.000 €		
	280.000 €		280.000 €

Die stillen Reserven der OHG verteilen sich in Höhe von je 20.000 € in Gebäude, Geschäftsausstattung, Waren und im nicht aktivierten Firmenwert (insgesamt 80.000 €). Davon entfallen auf A und nun auf D wegen des Kapitalanteils von 80.000 € (= 50 % des Gesamtkapitals) die Hälfte der gesamten stillen Reserven in Höhe von 40.000 €.

Hinweis: *Der Erwerb eines Mitunternehmeranteils zu einem über dem Buchwert liegenden Preis ist der „klassische" und damit auch bedeutendste Fall, der zur Führung einer Ergänzungsbilanz führt.*

Aus den Angaben in Fall 30 lässt sich die folgende Ergänzungsbilanz für den D entwickeln:

Aktiva	Ergänzungsbilanz für D zum 1.1.02		Passiva
Gebäude	10.000 €	Mehrkapital D	40.000 €
Geschäftsausstattung	10.000 €		
Waren	10.000 €		
Firmenwert	10.000 €		
	40.000 €		40.000 €

Das ausgewiesene Mehrkapital des D entspricht dem Anteil an den stillen Reserven, der anteilig auf den erworbenen Anteil an der OHG entfällt. Dieser Anteil an den stillen Reserven wird den Wirtschaftsgütern dann anteilig zugeordnet und gesondert ausgewiesen.

Diese Vorgehensweise geht auf die ständige Rechtsprechung des BFH zurück. Demnach handelt es sich beim Erwerb eines Mitunternehmeranteils um eine entgeltliche Anschaffung von Anteilen an den einzelnen zum Gesellschaftsvermögen gehörenden Wirtschaftsgütern. Das gilt auch für in der Gesellschaftsbilanz nicht bilanzierungsfähige von der Gesellschaft selbst geschaffene immaterielle Wirtschaftsgüter einschließlich des Firmenwerts. Soweit dann die Anschaffungskosten (hier: 120.000 €), die anteilig dem neuen Gesellschafter zuzurechnenden Buchwerte der Wirtschaftsgüter in der Gesellschaftsbilanz (hier: 80.000 €) übersteigen, ist dieser Mehrwert für jedes in Betracht kommende Wirtschaftsgut in einer Ergänzungsbilanz für den neuen Gesellschafter auszuweisen.

Kurz: Zur Erfassung der zusätzlichen (den Buchwert übersteigenden) Anschaffungskosten wird eine (positive) Ergänzungsbilanz erstellt.

Die ausgewiesenen Mehrwerte (= Aktiva der Ergänzungsbilanz) unterliegen den Bewertungsvorschriften für die jeweiligen Wirtschaftsgüter.

D.h. die Ergänzungsbilanz ist auch an den folgenden Abschlussstichtagen fortzuführen. Die Mehrwerte können z.B. durch Absetzungen für Abnutzung (AfA) oder Verkäufe durch die Gesellschaft teilweise oder ganz wegfallen. Der dadurch entstehende Verlust wird (wie auch u.U. entstehende Gewinne) im Rahmen einer Ergänzungs-Gewinn- und Verlustrechnung (Ergänzungs-GuV) erfasst und dem Gesellschafter als Teil seines Gewinnanteils zugerechnet.

Das bedeutet im Fall 30 Folgendes:

Die auf das Gebäude und die Geschäftsausstattung entfallenden zusätzlichen Anschaffungskosten von je 10.000 € unterliegen der AfA nach § 7 EStG in Anlehnung an die in der Gesellschaftsbilanz vorzunehmende AfA.

Der auf die Waren entfallende Mehrwert ist bei Veräußerung der Waren in 02 aufwandswirksam aufzulösen.

Der anteilige Firmenwert ist vorbehaltlich § 6 Abs. 1 Nr. 1 EStG gemäß § 7 Abs. 1 Satz 3 EStG über 15 Jahre linear abzuschreiben.

Die sich durch die Fortschreibung der Mehrwerte der Ergänzungsbilanz ergebenden Aufwendungen mindern in den Folgejahren den sich aus der Gesellschaftsbilanz ergebenden Gewinnanteil des D und damit auch den Gesamtgewinn der OHG.

Einbringung von Wirtschaftsgütern in eine Personengesellschaft nach § 6 Abs. 5 EStG

Fall 31

Vater V führt einen Produktionsbetrieb als Einzelunternehmen. Er möchte, dass sein Sohn S langsam in den Betrieb „hineinwächst" und gründet daher mit seinem Sohn eine OHG. V bringt die Produktionsmaschinen aus seinem Einzelunternehmen (Buchwert 120.000 €, Verkehrswert 180.000 €) ein. Der Sohn leistet eine Einlage von 50.000 €. Das Einzelunternehmen übernimmt nur noch den Vertrieb.

Wie sind die Produktionsmaschinen zu bilanzieren?

Nach § 6 Abs. 5 Satz 3 EStG ist bei der Einbringung von einzelnen Wirtschaftsgütern aus dem Betriebsvermögen des Einzelunternehmers S in das Betriebsvermögen der OHG zwingend der Buchwert anzusetzen (sog. Buchwertfortführung). Um die Kapitalanteile der Gesellschafter (V = 180.000 € und S = 50.000 €) richtig abbilden zu können, werden die Produktionsmaschinen in der Gesellschaftsbilanz mit dem Verkehrswert (= Teilwert) von 180.000 € angesetzt.

Um auch dem Erfordernis des steuerneutralen Buchwertansatzes nach § 6 Abs. 5 Satz 3 EStG Rechnung zu tragen, wird für den V eine **negative Ergänzungsbilanz** angelegt. In dieser negativen Ergänzungsbilanz erfasst V den Differenzbetrag zwischen Buchwert und Verkehrswert.

Aktivseite	Ergänzungsbilanz V (in Euro)		Passivseite
Minderkapital	60.000	Maschinen	60.000
	60.000		60.000

In den Folgejahren werden im Fall 31 die Abschreibungen innerhalb der Gesellschaftsbilanz höher sein als gesetzlich zulässig, da dort der höhere Verkehrswert angesetzt wurde (anstatt des zwingend vorgeschriebenen Buchwertansatzes). Mit der Ergänzungsbilanz wird dies korrigiert.

Unterstellt man für den Fall 31, dass bei einer Buchwertfortführung die Maschinen noch über 6 Jahre linear mit 20.000 € abzuschreiben sind, ergibt sich hier folgendes:

In der Gesellschaftsbilanz werden die Maschinen mit jährlich (180.000 € : 6 =) 30.000 € (aufwandswirksam) abgeschrieben. In der Ergänzungsbilanz wird die Mehrabschreibung von 10.000 € durch einen ertragswirksamen (!) Abschreibungsbetrag von (60.000 € : 6 =) 10.000 €, der allein dem V zugerechnet wird, eliminiert. Das Ergebnis (gesamte jährliche Abschreibung 20.000 €) entspricht der Buchwertfortführung. Nach 6 Jahren sind die Maschinen sowohl in der Gesellschaftsbilanz, als auch in der Ergänzungsbilanz abgeschrieben.

Einbringung eines Betriebs, Teilbetriebs oder Mitunternehmeranteils in eine Personengesellschaft (§ 24 UmwStG)

Fall 32

Onkel O und Nichte N sind beide begeisterte Landschaftsbauer. Sie gründen zur gemeinschaftlichen gewerblichen Berufsausübung eine OHG an der sie sich zu je zur Hälfte beteiligen wollen; ihre Kapitalkonten sollen gleich hoch sein. O bringt sein Einzelunternehmen (Buchwert 200.000 €,

Verkehrswert 250.000 €), N eine Bareinlage von 250.000 € in die Gesellschaft ein.

Ist O aufgrund dieser Einbringung gezwungen, die stillen Reserven (50.000 €) aus seinem Einzelunternehmen zu versteuern?

Überträgt jemand seinen Betrieb auf eine Personengesellschaft und erhält er dafür einen Anteil an dem Gesellschaftsvermögen, bedarf es der Erfassung der stillen Reserven durch die Besteuerung eines Veräußerungs- bzw. Aufgabegewinns nach den §§ 16, 34 EStG nicht, wenn der Buchwert des eingebrachten Betriebsvermögens von der Personengesellschaft fortgeführt wird (Buchwertfortführung) und damit die spätere Besteuerung der stillen Reserven sichergestellt ist.

In dem Bemühen, die Einbringung eines Betriebes in eine Personengesellschaft durch den Zwang zur Auflösung und Besteuerung nicht unnötig zu erschweren, hat der Gesetzgeber in § 24 Umwandlungssteuergesetz (UmwStG) dem Einbringenden ein Wahlrecht eingeräumt, ob er den Einbringungsvorgang erfolgsneutral (d.h. Buchwertfortführung) behandeln will oder es anlässlich der Einbringung vorzieht, die stillen Reserven seines Betriebsvermögens aufzulösen und zu versteuern.

Die steuerliche Behandlung hängt also davon ab, wie das eingebrachte Betriebsvermögen in der Bilanz der Personengesellschaft (einschließlich etwaiger Ergänzungsbilanzen der Gesellschafter) angesetzt wird. Der angesetzte Wert gilt für den Einbringenden als Veräußerungspreis i.S.v. § 16 Abs. 2 EStG (§ 24 Abs. 3 Satz 1 UmwStG).

Werden die Wirtschaftsgüter des Einzelunternehmens in Fall 32 mit den Verkehrswerten (= Teilwerten) angesetzt, entsteht bei O in Höhe der Differenz zwischen den Teilwerten (250.000 €) und den Buchwerten (200.000 €) ein Veräußerungsgewinn i.H.v. 50.000 €. Erfolgt bei der OHG der Ansatz zu Buchwerten (Buchwertfortführung), entsteht bei O kein Veräußerungsgewinn.

Hinweis: *Das eingebrachte Betriebsvermögen kann auch mit einem Wert zwischen Teilwert und Buchwert (sog. Zwischenwert) angesetzt werden, was zu einer teilweisen Auflösung und Besteuerung der stillen Reserven führt (§ 24 Abs. 2 Satz 2 UmwStG).*

Lektion 7: Wertkorrekturen durch Ergänzungsbilanzen

Um die steuerliche Belastung möglichst gering zu halten, wird sich O im Fall 32 für die Buchwertfortführung entscheiden und damit den Einbringungsvorgang erfolgsneutral gestalten. In diesem Fall ergibt sich die Notwendigkeit der Führung einer Ergänzungsbilanz für O.

Die Eröffnungsbilanz der OHG (Gesellschaftsbilanz) hat in diesem Fall folgendes Aussehen (in Euro):

Aktiva	Eröffnungsbilanz der OHG		Passiva
Eingebrachte Aktiva des O	250.000	Kapital O	250.000
Bareinlage des N	250.000	Kapital N	250.000
	500.000		500.000

O kann den sich aus der Gesellschaftsbilanz ergebenden Veräußerungsgewinn i.H.v. 50.000 € neutralisieren, indem er eine (negative) Ergänzungsbilanz aufstellt und darin ein Minderkapital sowie einen Minderwert für die eingebrachten Wirtschaftsgüter ausweist.

Aktivseite	Ergänzungsbilanz O		Passivseite
Minderkapital	50.000	Minderwert für Aktiva	50.000
	50.000		50.000

Das eingebrachte Betriebsvermögen des O ist nunmehr in der **Gesellschaftsbilanz** und der **Ergänzungsbilanz** (zusammen bilden diese die Steuerbilanz) insgesamt mit 200.000 € ausgewiesen. Da dieser Betrag nach § 24 Abs. 3 Satz 1 UmwStG als Veräußerungspreis des O für das eingebrachte Betriebsvermögen anzusetzen ist, entsteht für O kein Veräußerungsgewinn.

Aus der Fortführung der Ergänzungsbilanz ergibt sich in den Folgejahren für den O eine Minderung des Abschreibungsvolumens.

Weitere Gründe für die Führung von Ergänzungsbilanzen

Neben Gesellschaftereintritt bzw. -wechsel, Einbringungsvorgängen nach § 6 Abs. 5 EStG und § 24 UmwStG kommen als Gründe für die Führung von Ergänzungsbilanzen auch Betracht:

▶ Inanspruchnahme von nur dem einzelnen Gesellschafter zustehenden Steuervergünstigungen (z.B. erhöhte AfA, Sonder-AfA und unversteuerte Rücklagen nach § 6b EStG),

▶ einseitige Kapitalerhöhung bei einem einzelnen Mitunternehmeranteil,

▶ Umwandlung einer Kapitalgesellschaft in eine Personengesellschaft (§§ 3 ff. UmwStG).

Leitsatz 26

Ergänzungsbilanzen

Ergänzungsbilanzen erfassen auf einzelne Gesellschafter entfallende Korrekturen zu den Wertansätzen in der Gesellschaftsbilanz (**personenbezogene Wertkorrekturen**). Sie sind **jährlich fortzuschreiben**, bis die Wertkorrekturen „verbraucht" sind.

Positive Ergänzungsbilanzen (Mehrkapital) führen zu
▶ zusätzlichen **Betriebsausgaben** in den Folgejahren.

Negative Ergänzungsbilanzen (Minderkapital) führen zu
▶ zusätzlichen **Betriebseinnahmen** in den Folgejahren.

Lektion 8: Erste Stufe der Gewinnermittlung – Anteil am Gesellschaftsgewinn

Im Folgenden gehen wir grundsätzlich von gewerblich tätigen Personengesellschaften in den Rechtsformen OHG oder KG (einschl. der GmbH & Co. KG) aus, die ihren Gewinn durch Betriebsvermögensvergleich (§ 5 i.V.m. § 4 Abs. 1 EStG) ermitteln und bei denen alle Gesellschafter eine Mitunternehmerstellung haben.

Die Unterscheidung zwischen der Gewinnermittlung auf der ersten Stufe und der zweiten Stufe beruht auf der Tatsache, dass einerseits der

▶ Gewinn aus dem Gesellschaftsvermögen (erste Stufe) und andererseits der

▶ Gewinn aus dem Sonderbetriebsvermögen (zweite Stufe)

zu ermitteln ist.

Zur zweiten Stufe gehören auch die in § 15 Abs. 1 Nr. 2 Satz 1 Halbsatz 2 EStG genannten Sondervergütungen an die Gesellschafter. Ergebnis der Gewinnermittlung auf der ersten und der zweiten Stufe ist der steuerliche Gesamtgewinn der Personengesellschaft.

Leitsatz 27

Steuerlicher Gesamtgewinn

Der steuerliche Gesamtgewinn einer Personengesellschaft ist

▶ die Summe aus:

– Gewinn aus dem **Gesellschaftsvermögen**,

– Gewinn aus dem **Sonderbetriebsvermögen**
 (einschl. der an die Gesellschafter gezahlten Sondervergütungen).

In diesem Zusammenhang unterscheidet man auch die Begriffe Steuerbilanz der ersten Stufe und Steuerbilanz der zweiten Stufe:

▶ Zur Steuerbilanz der ersten Stufe (Steuerbilanz i.e.S.) gehören die aus der Handelsbilanz abgeleitete Gesellschaftsbilanz sowie die Ergänzungsbilanzen der Gesellschafter.

▶ Die Steuerbilanz der zweiten Stufe sind die Sonderbilanzen der Gesellschafter.

Zusammen bilden die Steuerbilanzen beider Stufen die steuerliche Gesamtbilanz der Mitunternehmerschaft.

Buchführungspflicht

Fall 33

Unsere Landschaftsbauer O und N, die im Fall 32 eine OHG zur gemeinsamen gewerblichen Berufsausübung gegründet haben, sind sich nicht sicher, welche Buchführungs- und Bilanzierungspflichten sich aus ihrer gewerblichen Betätigung ergeben.

Können wir da weiterhelfen?

Personenhandelsgesellschaften (OHG und KG) sind als Kaufleute (§§ 1, 6, 105 ff., 161 ff. HGB) nach den Vorschriften des Handelsrechts (§§ 238 ff. HGB) buchführungspflichtig. D.h. sie haben alle Geschäftsvorfälle eines Wirtschaftsjahres chronologisch, systematisch und zeitnah aufzuzeichnen und mit einer Bilanz am Ende des Wirtschaftsjahres abzuschließen. Diese Buchführungspflicht wird durch § 140 AO auch zu einer steuerlichen Pflicht.

Diese aus dem Handelsrecht abgeleitete steuerliche Buchführungspflicht wird auch als derivative steuerliche Buchführungspflicht bezeichnet.

Zur Differenzierung zwischen Buchführung und Bilanz nun ein Leitsatz.

Lektion 8: Erste Stufe der Gewinnermittlung – Anteil am Gesellschaftsgewinn

> **Leitsatz 28**
>
> **Buchführung und Bilanz**
>
> Die **Buchführung** ist eine **Zeitraumrechnung**, die alle Geschäftsvorfälle eines Wirtschaftsjahres
>
> - chronologisch,
> - systematisch,
> - zeitnah
>
> aufzeichnet.
> Die (Handels- bzw. Steuer-) Bilanz ist der zeitpunktbezogene Abschluss der Buchführung.

Die steuerliche Buchführungspflicht umfasst auch etwaige Ergänzungsbilanzen der Gesellschafter. (Wertkorrigierende) Ergänzungsbilanzen sind integrativer Bestandteil der Bilanzierung des Gesellschaftsvermögens:

▶ Gesellschaftsbilanz + Ergänzungsbilanz = Steuerbilanzbilanz (der ersten Stufe)

Eine Buchführungspflicht für das Gesellschaftsvermögen führt nach Auffassung von Rechtsprechung und Finanzverwaltung auch zur Buchführungspflicht für das Sonderbetriebsvermögen.

Mithin ist die OHG in Fall 33 aufgrund ihrer Kaufmannseigenschaft sowohl nach Handels- als auch nach Steuerrecht zur Buchführung und Bilanzierung verpflichtet.

Die übrigen Personengesellschaften (z.B. gewerblich tätige GbR) sind mangels Kaufmannseigenschaft nicht nach Handelsrecht buchführungspflichtig. Jedoch entsteht mit Überschreiten der in § 141 AO niedergelegten Grenzen (Umsatz 600.000 €, Gewinn 60.000 €) eine sog. originäre steuerliche Buchführungspflicht.

Übersicht 11: Buchführungspflicht

Personenhandelsgesellschaften (OHG und KG)
▶ **sind** als Kaufleute nach den Vorschriften des Handelsrechts **buchführungspflichtig**. Diese Buchführungspflicht wird über § 140 AO auch zu einer steuerlichen Pflicht.

Die **übrigen Personengesellschaften** (z.B. gewerblich tätige GbR)
▶ **werden** bei Überschreiten der **Grenzen** des § 141 AO von 600.000 € Umsatz oder 60.000 € Gewinn buchführungspflichtig.

Verzahnung zwischen Handels- und Steuerbilanz

Nun geht es konkret an die erste Stufe der Gewinnermittlung. Um die Struktur der nachfolgenden Ausführungen schon vorab zu erkennen, sollten Sie zunächst zur abschließende Übersicht 12 dieser Lektion vorblättern. Dort sehen Sie, welche Schritte notwendig sind, um vom Gewinn laut Handelsbilanz zum (steuerlichen) Gewinnanteil des Gesellschafters i.S.d. § 15 Abs. 1 Nr. 2 Satz 1 Halbsatz 1 EStG (= Gewinnanteil der ersten Stufe der Gewinnermittlung) zu gelangen. Sinnvoll wäre es sogar, diesen Teil der Übersicht kurz abzuschreiben und sich neben das Buch zu legen.

Personenhandelsgesellschaften sind im Rahmen ihrer Buchführungspflicht gem. § 242 HGB zur Aufstellung eines Jahresabschlusses (= Handelsbilanz sowie Gewinn- und Verlustrechnung) verpflichtet. Bei der Aufstellung der Handelsbilanz ist zu beachten, dass Bilanzierungs- und Bewertungswahlrechte von allen Gesellschaftern einheitlich auszuüben sind und diese Wahlrechte unabhängig von den steuerlichen Vorschriften in Anspruch genommen werden können.

Die enge Verzahnung zwischen Handels- und Steuerbilanz kommt insbesondere in der Vorschrift § 60 Einkommensteuer-Durchführungsverordnung (EStDV) zum Ausdruck. Demnach ist es für die Erfüllung der steuerlichen Erklärungsfristen ausreichend, wenn dem Finanzamt eine Handelsbilanz übermittelt wird, die sich aus der handelsrechtlichen Buchführung ergibt und diese den steuerlichen Gewinnermittlungsvorschriften entspricht (Handelsbilanz = Steuerbilanz sog. Einheitsbilanz).

Lektion 8: Erste Stufe der Gewinnermittlung – Anteil am Gesellschaftsgewinn

Entsprechen sich Handels- und Steuerbilanz nicht, genügt gem. § 60 Abs. 2 Satz 1 EStDV eine Überleitungsrechnung, die die handelsrechtlichen Ansätze und Bewertungen an die steuerlichen Ansätze und Bewertungen anpasst. Wahlweise kann gem. § 60 Abs. 2 Satz 2 EStDV auch eine eigenständige Steuerbilanz erstellt und übermittelt werden.

Ableitung der Steuerbilanz

In § 5 Abs. 1 EStG nimmt das Einkommensteuerrecht Bezug auf den handelsrechtlichen Jahresabschluss und legt fest, dass die Handelsbilanz grundsätzlich maßgeblich für die Steuerbilanz ist (sog. Maßgeblichkeitsprinzip). Auch in der Steuerbilanz müssen Bilanzierungs- und Bewertungswahlrechte von allen Gesellschaftern einheitlich ausgeübt werden. Eine Ausnahme gilt hier jedoch bei personenbezogenen Steuervergünstigungen (z.B. § 6b EStG, § 7 Abs. 5 EStG).

Aufgrund steuerlicher Ansatz- und Bewertungsvorbehalte (§ 5 Abs. 1a bis 4b, Abs. 6; §§ 6, 6a und 7 EStG) kann die Steuerbilanz von der Handelsbilanz abweichen (sog. Durchbrechung des Maßgeblichkeitsprinzips).

■ Fall 34

Die Saatzucht-OHG hat ein Patent entwickelt, mit dem es gelingt bestimmte Pflanzen gegen Schädlinge resistent zu machen. Da das Patent in den kommenden Jahren dem Unternehmen dienen soll, wird es in der Handelsbilanz als immaterielles Wirtschaftsgut gem. § 248 Abs. 2 HGB aktiviert.

Gilt hier das Maßgeblichkeitsprinzip der Handelsbilanz für die Steuerbilanz?

Das Patent ist ein immaterielles Wirtschaftsgut des Anlagevermögens. § 5 Abs. 2 EStG bestimmt, dass für solche Wirtschaftsgüter ein Aktivposten nur angesetzt werden darf, wenn diese entgeltlich erworben werden, nicht jedoch, wenn sie selbst geschaffen worden sind.

Insofern wird in Fall 34 das Maßgeblichkeitsprinzip durchbrochen und es ist eine Überleitungsrechnung bzw. eine abweichende Steuerbilanz zu erstellen. Da § 248 Abs. 2 HGB als Wahlrecht ausgestaltet ist, könnte die Saatzucht-OHG auch auf die Aktivierung des Patents in der Handelsbilanz verzichten. In diesem Fall wären Handels- und Steuerbilanz identisch.

Weitere Beispiele für eine abweichende Steuerbilanz ergeben sich, wenn in der Handelsbilanz:

▶ Rückstellungen für drohende Verluste aus schwebenden Geschäften gebildet werden (§ 249 Abs. 1 HGB, § 5 Abs. 4a EStG),

▶ der erworbene Firmenwert auf eine kürzere Nutzungsdauer als 15 Jahre abgeschrieben wird (§ 253 Abs. 3 HGB, § 7 Abs. 1 Satz 3 EStG),

▶ Wirtschaftsgüter anders abgeschrieben werden als nach § 7 EStG zulässig oder

▶ Wirtschaftsgüter bei einer nur vorübergehenden Wertminderung mit dem niedrigeren Wert angesetzt werden (§ 253 Abs. 3, 4 HGB, § 6 Abs. 1 Nr. 1 Satz 2 EStG).

Neben den steuerlichen Ansatz- und Bewertungsvorbehalten kann es zu einer Durchbrechung des Maßgeblichkeitsprinzips auch kommen, wenn Wahlrechte ausgeübt werden, die nur steuerrechtlich bestehen (z.B. Übertragung stiller Reserven bei der Veräußerung bestimmter Anlagegüter gem. § 6b Abs. 1 EStG) oder Wahlrechte, die sowohl handelsrechtlich als auch steuerrechtlich bestehen in der Handelsbilanz und in der Steuerbilanz unterschiedlich ausgeübt werden (z.B. Anwendung unterschiedlicher Verbrauchsfolgeverfahren gem. § 256 HGB, § 6 Abs. 1 Nr. 2a EStG).

Leitsatz 29

! **Maßgeblichkeitsprinzip**

Die steuerrechtliche Rechnungslegung als Grundlage für die Gewinnermittlung ist im Steuerrecht nicht eigenständig geregelt. Daher nimmt das Einkommensteuerrecht in § 5 Abs. 1 EStG Bezug auf den handelsrechtlichen Jahresabschluss und bestimmt, dass die **Handelsbilanz grundsätzlich maßgeblich für die Steuerbilanz** ist. Allerdings wird dieses Prinzip insbesondere durch steuerliche Bilanzierungs- und Bewertungsvorbehalte **durchbrochen**.

Hinweis: *Die hier angesprochenen Unterschiede zwischen Handels- und Steuerbilanz betreffen auch Einzelunternehmen und Kapitalgesellschaften. Sie sind also kein Spezifikum der Personengesellschaften. Insofern sei zur Vertiefung der hier nur kurz dargestellten Probleme auf das Buch der*

Lektion 8: Erste Stufe der Gewinnermittlung – Anteil am Gesellschaftsgewinn

BLAUEN SERIE Steuerbilanz – leicht gemacht® verwiesen. Zum Maßgeblichkeitsprinzip ist auch das BMF-Schreiben vom 12.3.2010 lesenswert.

Korrektur des Steuerbilanzgewinns 1: Nicht abziehbare Betriebsausgaben

Fall 35

Die Yachting-OHG betreibt am Bodensee einen Handel mit Jachtausrüstung und der Vermittlung gebrauchter Motorjachten. Zur Erprobung verschiedener Ausrüstungsgegenstände chartert die OHG im August eine Motorjacht für 15.000 €. Die OHG verbucht diesen Aufwand auf dem Konto „Charterkosten". Der Steuerbilanzgewinn beträgt 215.000 €.

Mindert diese Betriebsausgabe den steuerlichen Gewinn der OHG?

Betrieblich veranlasste Aufwendungen, die nach § 4 Abs. 5 bis 7 EStG zu den nicht abziehbaren Betriebsausgaben gehören, sind in der Buchführung auf entsprechenden Aufwandskonten zunächst gewinnmindernd zu erfassen. Da sie jedoch den steuerlichen Gewinn nicht mindern dürfen, müssen sie außerhalb der Buchführung dem Gewinn wieder hinzugerechnet werden.

Im Fall 35 dürfen die Betriebsausgaben für die Motorjacht gem. § 4 Abs. 5 Nr. 4 EStG den steuerlichen Gewinn der OHG nicht mindern. Die Erfassung dieser Aufwendungen in der Buchführung ist nicht zu beanstanden, da es sich um betrieblich veranlasste Aufwendungen (Betriebsausgaben) handelt. Der Betrag von 15.000 € muss außerhalb der Buchführung dem Gewinn der OHG wieder hinzugerechnet werden. Insofern beträgt der steuerliche Gewinn der OHG für das betreffende Jahr (215.000 € + 15.000 € =) 230.000 €.

Weitere Beispiele für nicht abziehbare Betriebsausgaben sind:

– Aufwendungen für die Bewirtung von Personen aus geschäftlichem Anlass, soweit sie 70 % der Aufwendungen übersteigen (§ 4 Abs. 5 Nr. 2 EStG),

- Geldbußen, Ordnungsgelder und Verwarnungsgelder (§ 4 Abs. 5 Nr. 8 EStG),

- Gewerbesteuer und die darauf entfallenden Nebenleistungen (§ 4 Abs. 5b EStG).

Hinweis: *Da die Gewerbesteuer eine Betriebsausgabe ist, ist in der Steuerbilanz eine Gewerbesteuerrückstellung zu bilden. Die Gewinnminderung durch die Rückstellungsbildung ist außerbilanziell zu neutralisieren.*

Leitsatz 30

Nicht abziehbare Betriebsausgaben

Bestimmte Betriebsausgaben sind als sog. nicht abziehbare Betriebsausgaben (§ 4 Abs. 5 bis 7 EStG) in der Buchführung zunächst **aufwandswirksam** zu erfassen. Zur Ermittlung des steuerlichen Gewinns sind sie außerhalb der Buchführung dem Gewinn wieder **hinzuzurechnen**, so dass sie im Ergebnis **steuerlich erfolgsneutral** sind.

Abgrenzung: Kosten der privaten Lebensführung

Abgrenzungen sind die nicht abziehbaren Betriebsausgaben von den Kosten der privaten Lebensführung, die zwar in der Übersicht 12 nicht auftauchen, aber hier thematisch in den Zusammenhang gehören.

Fall 36

Die Gesellschafter der Yachting-OHG aus Fall 35 chartern die Motorjacht im Monat September und nutzen sie für Touren mit ihren Ehefrauen und Kindern. Die Kosten des Charters verbuchen sie wiederum als Aufwand auf dem Konto „Charterkosten".

Was halten wir davon?

Keine Betriebsausgaben liegen vor, wenn die Personengesellschaft Kosten der privaten Lebensführung (zu gemischten Aufwendungen vgl. BMF-Schreiben vom 6.7.2010) für ihre Gesellschafter übernimmt (§ 12 Nrn. 1 bis 4 EStG). Solche nicht abzugsfähigen Ausgaben sind Entnahmen der betreffenden Gesellschafter.

Im Fall 36 zeigt die Nutzung der Motorjacht für private Touren, dass die Anmietung des Schiffes durch die private Lebensführung der Gesellschafter veranlasst ist. Mithin handelt es sich um Aufwendungen, die nach § 12 Nr. 1 EStG nicht abzugsfähig sind. In der Buchführung der OHG sind diese Aufwendungen für die private Lebensführung der Gesellschafter als Entnahmen der Gesellschafter zu buchen. Somit berühren diese Aufwendungen den Gewinn der OHG nicht.

Leitsatz 31

Kosten der privaten Lebensführung

Aufwendungen für die private Lebensführung (§ 12 Nrn. 1 bis 4 EStG) sind als Kosten der privaten Lebensführung innerhalb der Buchführung als **Entnahmen** zu erfassen. Folglich werden sie **nicht aufwandswirksam**.

Korrektur des Steuerbilanzgewinns 2: Steuerfreie Einnahmen

Fall 37

An der Dachdecker-OHG sind die C-GmbH und Dachdecker D zu je 50 % beteiligt. Die aus der Handelsbilanz 01 abgeleitete Steuerbilanz (Maßgeblichkeitsprinzip) der OHG wurde aufgrund zwingender steuerlicher Bilanzierungs- und Bewertungsvorbehalte korrigiert und es ergibt sich ein Gewinn laut Steuerbilanz für 01 in Höhe von 150.000 €.

Zum Gesellschaftsvermögen der OHG gehört eine 50 %ige Beteiligung an der Maler-GmbH, die für 01 einen Gewinn in Höhe von insgesamt 60.000 € ausschüttet. Zur Finanzierung der Beteiligung an der Maler-GmbH hatte die OHG ein Darlehen in Höhe von 100.000 € aufgenommen und Darlehenszinsen in Höhe von 6.000 € in 01 gewinnmindernd berücksichtigt.

In welcher Höhe ist der Gewinn laut Steuerbilanz aufgrund der Gewinnausschüttung der Maler-GmbH zu korrigieren?

Bereits in Lektion 1 haben wir uns mit den komplizierten steuerlichen Regelungen zur Besteuerung von Gewinnausschüttungen von Kapitalgesellschaften beschäftigt. Zur Wiederholung:

Bei Ausschüttungen an natürliche Personen, die die Beteiligung im Privatvermögen halten, unterliegen diese Ausschüttungen der Abgeltungssteuer in Höhe von 25% zuzüglich SolZ oder, falls dies für den Gesellschafter günstiger ist, der tariflichen Einkommensteuer (sog. Günstiger-Prüfung). Eine Ausnahme von dieser Regelung kommt in Frage, wenn der Gesellschafter seine Beteiligung aus unternehmerischem Interesse erworben hat. Das ist der Fall, wenn der Gesellschafter zu mindestens 25% an der Kapitalgesellschaft beteiligt oder zu mindestens 1% beteiligt und für die Kapitalgesellschaft beruflich tätig ist. In diesem Fall kann er die Regelbesteuerung wählen (optieren), d.h. dass 40% der Ausschüttung von der Einkommensteuer freigestellt sind (sog. Teileinkünfteverfahren = 60% steuerpflichtig).

Im Fall 37 befinden sich die Anteile an der Kapitalgesellschaft jedoch in einem Betriebsvermögen. Nämlich dem Betriebsvermögen der Dachdecker-OHG. In solchen Fällen kommt es bei natürlichen Personen als Gesellschafter immer zur Anwendung des Teileinkünfteverfahrens (= 60% steuerpflichtig) nach § 3 Nr. 40d EStG.

Leitsatz 32

Gewinnausschüttungen einer Kapitalgesellschaft an natürliche Person

Bei der Besteuerung von Gewinnausschüttungen einer Kapitalgesellschaft an **natürliche Personen** ist zu unterscheiden, ob die Anteile an der Kapitalgesellschaft im Privat- oder Betriebsvermögen gehalten werden. Es gilt: Im **Privatvermögen** Abgeltungsbesteuerung (mit Günstiger-Prüfung) und Option zum Teileinkünfteverfahren bei unternehmerischem Interesse, im **Betriebsvermögen** immer Anwendung des Teileinkünfteverfahrens.

Im Gegensatz zu den natürlichen Personen ist für Kapitalgesellschaften eine vollständige Steuerbefreiung der Beteiligungserträge nach § 8b Abs. 1, Abs. 6 KStG vorgesehen.

Korrespondierend zu der teilweisen Freistellung von Gewinnausschüttungen bzw. Veräußerungsgewinnen dürfen bei natürlichen Personen mit diesen Einnahmen in Zusammenhang stehenden Aufwendungen nur zu 60% abgezogen werden (§ 3c Abs. 2 EStG). Für Kapitalgesellschaften gelten 5% der steuerfreien Einnahmen als fiktive nicht abziehbare

Lektion 8: Erste Stufe der Gewinnermittlung – Anteil am Gesellschaftsgewinn

Betriebsausgaben (§ 8b Abs. 5 Satz 1, Abs. 6 KStG). Damit reduziert sich die zunächst vollständige Freistellung bei Kapitalgesellschaften auf 95 %.

Hinweis: *Die Ausführungen zu den Gewinnausschüttungen von Kapitalgesellschaften gelten auch für Gewinne aus der Veräußerung von Anteilen an Kapitalgesellschaften (§§ 3 Nr. 40a bis c, 3c Abs. 2 EStG, 8b Abs. 2 KStG).*

Im Fall 37 ist den Gesellschaftern C-GmbH und D vom Steuerbilanzgewinn der OHG (150.000 €) zunächst je 75.000 € zuzurechnen. Zu beachten ist nun, dass in diesem Gewinn eine Gewinnausschüttung von der Maler-GmbH in Höhe von (0,5 × 60.000 € =) 30.000 € enthalten ist, der je zur Hälfte (0,5 × 30.000 = 15.000 €) auf die beiden Gesellschafter entfällt. Dieser Gewinn ist bei der C-GmbH in vollem Umfang steuerfrei und bei D in Höhe von 40 % (0,4 × 15.000 = 6.000 €). Insofern ist der anteilige Gewinn laut Steuerbilanz bei der C-GmbH um steuerfreie Einnahmen in Höhe von 15.000 € und bei D in Höhe von 6.000 € zu vermindern.

Die mit den Anteilen an der Maler-GmbH in Zusammenhang stehenden Schuldzinsen (6.000 €) sind, soweit sie auf den D entfallen (0,5 × 6.000 € = 3.000 €), zu 40 % nicht abziehbare Betriebsausgaben (= 1.200 €). Für die Maler-GmbH gelten 5 % der auf sie entfallenden Einnahmen (0,05 × 15.000 € = 750 €) als nicht abziehbare Betriebsausgaben.

Im Ergebnis ist der Gewinn laut Steuerbilanz ist im Fall 37 wie folgt zu korrigieren:

	Dachdecker-OHG	C-GmH	D
Gewinn laut Steuerbilanz	150.000 €	75.000 €	75.000 €
Steuerfreie Einnahmen gem. § 8b Abs. 1 KStG	./. 15.000 €	./. 15.000 €	
gem. § 3 Nr. 40d EStG	./. 6.000 €		./. 6.000 €
Nicht abziehbare Betriebsausgaben gem. § 8b Abs. 5 KStG	+ 750 €	+ 750 €	
gem. § 3c Abs. 2 EStG	+ 1.200 €		+ 1.200 €
Steuerlicher Gewinn	130.950 €		
Gewinnanteil der Gesellschafter		60.750 €	70.200 €

Leitsatz 33

Steuerfreie Einnahmen

Bestimmte Betriebseinnahmen sind als sog. steuerfreie Einnahmen (z.B. §§ 8b Abs. 1 KStG, 3d Nr. 40d EStG) in der Buchführung **ertragswirksam** zu erfassen. Außerhalb der Buchführung sind sie dem Gewinn wieder **hinzuzurechnen**, so dass sie im Ergebnis erfolgsneutral sind.

Steuerliche Gewinnverteilung (Gewinnverteilungsschlüssel)

Fall 38

An der FG-OHG sind F mit einem Kapitalanteil in Höhe von 100.000 € und G mit einem Kapitalanteil in Höhe von 200.000 € beteiligt. Am 1.7. hat der F eine zusätzliche Einlage von 50.000 € getätigt. Der steuerliche Gewinn der Gesellschaft für das abgelaufene Geschäftsjahr beträgt 100.000 €. Im Gesellschaftsvertrag haben F und G hinsichtlich der Gewinnverteilung nichts vereinbart.

Wie ist der steuerliche Gesellschaftsgewinn auf die Gesellschafter F und G zu verteilen?

Lektion 8: Erste Stufe der Gewinnermittlung – Anteil am Gesellschaftsgewinn

Die Verteilung des gesamthänderisch erzielten steuerlichen Gewinns der Gesellschaft erfolgt nach dem sog. Gewinnverteilungsschlüssel. Dieser ergibt sich regelmäßig aufgrund der gesellschaftsvertraglichen Vereinbarungen der Gesellschafter. Gibt es solche Vereinbarungen nicht, greifen die gesetzlichen Regelungen zur Gewinnverteilung (§§ 722 BGB, 121, 168, 231 HGB).

In Fall 38 gibt es zwischen den Gesellschaftern keine gesellschaftsvertraglichen Vereinbarung, es gelten daher die gesetzlichen Regelungen zur Gewinnverteilung bei einer OHG. Nach § 121 HGB ist den Gesellschaftern zunächst eine Kapitalverzinsung in Höhe von 4 % des Kapitals zuzurechnen (F: 100.000 × 0,04 + 50.000 × 0,04 × ½ = 5.000 €, G: 200.000 × 0,04 = 8.000 €). Der Restgewinn ist nach Köpfen zu verteilen. Die Gewinnverteilung erfolgt also wie folgt:

		F	G
Gewinn	100.000		
./. Zinsen	13.000	5.000	8.000
Restgewinn	87.000	43.500	43.500
Gewinnanteil		48.500	51.500

In gesellschaftsvertraglichen Gewinnabreden ist die Art der Gewinnverteilung den Gesellschaftern völlig freigestellt. In Frage kommt z.B. eine Gewinnverteilung nach Kapitalanteilen, nach bestimmten Quoten, mit oder ohne Kapitalverzinsung. Häufig wird vereinbart, dass einzelne Gesellschafter vorab Gewinnanteile erhalten (sog. Vorabgewinn). Damit können unterschiedliche Leistungen der Gesellschafter für die Gesellschaft (z.B. Arbeitsleistung, Überlassung von Wirtschaftsgütern) angemessen berücksichtigt werden.

Beachte: *Der Vorabgewinn ist zu unterscheiden von Sondervergütungen i.S.v. § 15 Abs. 1 Nr. 2 Satz 1 Halbsatz 2 EStG. Der Vorabgewinn ist Bestandteil des Gewinnanteils auf der ersten Stufe der Gewinnermittlung. Daher ist der Vorabgewinn im Gegensatz zu einer Sondervergütung nicht aufwandswirksam. D.h. der Vorabgewinn hat keinen Einfluss auf den Gewinn der Personengesellschaft, er ist vielmehr der erste Schritt einer Gewinnverteilung.*

Gewinnverteilungsabreden bzw. die gesetzliche Gewinnverteilung beziehen sich grundsätzlich auf das handelsbilanzielle Ergebnis. Man spricht in diesem Zusammenhang auch von der Ausschüttungsbemessungsfunktion der Handelsbilanz. Die Gewinnverteilungsabrede bzw. die gesetzliche Gewinnverteilung sind mangels steuerrechtlicher Regelungen grundsätzlich auch für das Steuerrecht maßgebend. Das gilt regelmäßig auch, wenn das steuerrechtliche Ergebnis von dem handelsrechtlichen Ergebnis abweicht.

Hinweis: *Diese Ausführungen zur steuerlichen Gewinnverteilung sollen an dieser Stelle ausreichen. Wir werden das Thema der steuerlichen Gewinn- und Verlustverteilung in Lektion 10 noch einmal aufgreifen und ausführlich besprechen.*

Personenbezogene Wertkorrekturen aus Ergänzungsbilanzen

Schließlich sind die den einzelnen Gesellschaftern zugewiesenen Gewinnanteile aus der Gesellschaftsbilanz ggf. um die Ergebnisse ihrer Ergänzungsbilanzen als personenbezogene Wertkorrekturen zu korrigieren (vgl. dazu im Einzelnen Lektion 7).

Zusammenfassung

In der nachfolgenden Übersicht wird die erste Stufe der Gewinnermittlung noch einmal zusammenfassend und etwas vereinfachend dargestellt. Vereinfachend deshalb, weil richtigerweise nicht nur von Gewinn bzw. Gewinnermittlung gesprochen werden dürfte. Da Unternehmen auch Verluste erzielen können müsste es eigentlich Gewinn/Verlust bzw. Gewinn-/Verlustermittlung oder Ergebnis bzw. Ergebnisermittlung heißen.

Ausgangspunkt ist der Gewinn der Gesellschaft lt. Handelsbilanz, der über den Gesellschaftsgewinn lt. Steuerbilanz und den Gesellschaftsgewinn schließlich (nach der Gewinnverteilung und der personenbezogenen Wertkorrekturen) letztlich in den Gewinnanteil des Gesellschafters i.S.d. § 15 Abs. 1 Nr. 2 Satz 1 Halbsatz 1 EStG mündet. Dieser Gewinnanteil ist der Gewinnanteil, den der Gesellschafter aus dem Gesellschaftsvermögen erzielt.

Übersicht 12: Die erste Stufe der Gewinnermittlung – Anteil am Gesellschaftsgewinn

Gesellschaftsgewinn lt. Handelsbilanz

→ Übernahme der Handelsbilanzwerte in die Steuerbilanz (Maßgeblichkeitsprinzip)

→ Korrekturen aufgrund steuerlicher Ansatz- und Bewertungsvorbehalte sowie Wahlrechte (Durchbrechungen des Maßgeblichkeitsprinzips)

= Gesellschaftsgewinn lt. Steuerbilanz

+ nicht abziehbare Betriebsausgaben

./. steuerfreie Einnahmen

= steuerlicher Gesellschaftsgewinn

→ Verteilung auf die Gesellschafter nach dem Gewinnverteilungsschlüssel

→ personenbezogene Wertkorrekturen aus Ergänzungsbilanzen

= Gewinnanteil des Gesellschafters
i.S.d. § 15 Abs. 1 Nr. 2 Satz 1 Halbsatz 1 EStG

Lektion 9: Zweite Stufe der Gewinnermittlung – Sonderbilanzgewinn

Diese Lektion knüpft an Lektion 4 zur Einkünftezurechnung und -qualifikation und an Lektion 6 zur Abgrenzung des Betriebsvermögens an.

In der Lektion 4 haben wir gesehen, dass sich die Einkünfte aus Gewerbebetrieb der Gesellschafter aus zwei Komponenten zusammensetzten, nämlich dem Gewinnanteil aus dem Gesellschaftsvermögen (erste Stufe der Gewinnermittlung) und den Sondervergütungen der Gesellschafter, die der zweiten Stufe der Gewinnermittlung zuzurechnen sind. In der Lektion 6 konnten wir feststellen, dass Wirtschaftsgüter, die einem oder mehreren Gesellschaftern gehören und dem Bereich ihrer gewerblichen Betätigung zuzuordnen sind, zum Sonderbetriebsvermögen der Gesellschafter gehören.

Inhalt dieser Lektion ist die Zusammenführung der Sondervergütungen und der Gewinnermittlung (Sonderbetriebseinnahmen ./. Sonderbetriebsausgaben) innerhalb der Sonderbuchführung, die ebenfalls, wie die Sondervergütungen, der zweiten Stufe der Gewinnermittlung zuzuordnen ist.

Sonderbuchführung

Fall 39

A ist Gesellschafter der Autoverwertungs-OHG, die auf Frei- und Hallenflächen Fahrzeuge aller Art „ausschlachtet" und anschließend die brauchbaren Ersatzteile lagert und verkauft. Zur Erweiterung der Lagerfläche erwirbt A am 2.1.01 ein Lagergrundstück (Anschaffungskosten 150.000 €), das unmittelbar an den bestehenden Lagerflächen angrenzt. Er vermietet das Lagergrundstück an die OHG zu einem jährlichen Mietzins in Höhe von 15.000 €. Für Grundsteuern, Versicherungen, Reparaturen an der Umzäunung etc., wendet A jährlich 2.500 € auf. Zum 31.12.05 veräußert er das nunmehr als Bauland ausgewiesene Grundstück an einen Investor für sage und schreibe 300.000 €.

Welche Sondervergütungen, Sonderbetriebseinnahmen und Sonderbetriebsausgaben resultieren aus diesen Sachverhalten innerhalb der Sonderbuchführung des A?

Lektion 9: Zweite Stufe der Gewinnermittlung – Sonderbilanzgewinn

▶ Auf der ersten (in Lektion 8 dargestellten) Stufe der Gewinnermittlung wird der Anteil des Gesellschafters am gesamthänderisch erwirtschafteten Gewinn der Gesellschaft ermittelt (Gewinnanteil des Gesellschafters i.S.d. § 15 Abs. 1 Nr. 2 Satz 1 Halbsatz 1 EStG).

▶ Auf der zweiten (jetzt hier dargestellten) Stufe der Gewinnermittlung werden Vergütungen, die der Gesellschafter

– für Tätigkeiten im Dienste der Gesellschaft,

– für die Hingabe von Darlehen oder

– für die Überlassung von Wirtschaftsgütern

bezogen hat, als gewerblichen Einkünfte aus dieser Mitunternehmerschaft qualifiziert und ihm zugerechnet (§ 15 Abs. 1 Nr. 2 Satz 1 Halbsatz 2 EStG).

Die Sondervergütungen sind in dem Wirtschaftsjahr und in der Höhe als Sonderbetriebseinnahmen zu erfassen, in dem sie den Gewinn der Gesellschaft gemindert haben. Auf den korrespondierenden Zufluss beim Gesellschafter kommt es nicht an (BFH 28.3.2000 VIII R 13/99, 11.12.2003 IV R 42/02).

Hinweis: *Wenn sie den vorangegangenen Abschnitt genau lesen, sehen sie, dass der Begriff der Sondervergütungen auch unter die Sonderbetriebseinnahmen subsumiert wird. Jedoch gilt: Sondervergütungen sind Sonderbetriebseinnahmen, aber nicht alle Sonderbetriebseinnahmen sind auch Sondervergütungen. Der Begriff der Sonderbetriebseinnahmen ist also umfassender.*

Nach Auffassung der höchstrichterlichen Rechtsprechung gehören zu den mitunternehmerischen gewerblichen Einkünften nach § 15 Abs. 1 Nr. 2 EStG nicht nur der Gewinnanteil aus dem Gesellschaftsvermögen und die Sondervergütungen, sondern auch alle Einnahmen und Betriebsausgaben, die ihre Veranlassung in der Beteiligung des Steuerpflichtigen an der unternehmerisch tätigen Personengesellschaft haben (BFH vom 14.12.2000 IV R 16/00 und 22.06.2006 IV R 56/04).

Im Fall 39 überlässt der A das Lagergrundstück der OHG und erhält dafür den Mietzins. Folglich sind die Mietzahlungen der OHG an den A bei diesem Sondervergütungen und in Höhe von jährlich 15.000 € in der Sonderbuchführung des A als Sonderbetriebseinnahmen zu erfassen. Die in diesem Zusammenhang getragenen Aufwendungen für das Lagergrundstück in Höhe von jährlich 2.500 € finden als Sonderbetriebsausgaben Eingang in die Sonderbuchführung des A. Da das Lagergrundstück dem A gehört und er es der OHG zur Nutzung überlässt, ist es Sonderbetriebsvermögen des A. Daher ist auch die Veräußerung des Lagergrundstücks mit dem Veräußerungsgewinn in Höhe von (300.000 ./. 150.000 =) 150.000 € als Sonderbetriebseinnahme in der Sonderbuchführung zu erfassen.

Damit erzielt A mit seinem Sonderbetriebsvermögen in den Jahren 01 bis 04 (auf der zweiten Gewinnermittlungsstufe) gewerbliche Einkünfte in Höhe von je (15.000 ./. 2.500 =) 12.500 €. Im Jahr 05 kommt noch der Veräußerungsgewinn als Sonderbetriebseinnahme hinzu, so dass die gewerblichen Einkünfte aus seinem Sonderbetriebsvermögen in diesem Jahr bei (12.500 + 150.000 =) 162.500 € liegen.

Nachfolgend wollen wir zunächst unsere Kenntnisse zu den in § 15 Abs. 1 Nr. 2 Satz 1 Halbsatz 2 aufgezählten Sondervergütungen (Tätigkeitsvergütungen, Vergütungen für die Hingabe von Darlehen, Vergütungen für die Überlassung von Wirtschaftsgütern) anhand von einigen Fällen festigen und vertiefen.

Tätigkeitsvergütungen

Die Behandlung von Tätigkeitsvergütungen haben wir bereits in Lektion 4 kennengelernt. Tätigkeitsvergütungen (z.B. für Arbeitsleistungen) können demnach im Rahmen einer schuldrechtlichen Vereinbarung als Vergütung oder im Rahmen einer gesellschaftsrechtlichen Vereinbarung als Vorabgewinn ausgestaltet sein. Sofern der Gewinn der Personengesellschaft aufgrund einer schuldrechtlichen Vereinbarung gemindert wurde, erfolgt auf der zweiten Stufe der Gewinnermittlung nach § 15 Abs. 1 Nr. 2 Satz 1 Halbsatz 2 eine Hinzurechnung zum Gewinn.

Lektion 9: Zweite Stufe der Gewinnermittlung – Sonderbilanzgewinn

Hinweis: *Die schuldrechtliche Vereinbarung über eine gewinnunabhängige Vergütung kann auch in den Gesellschaftsvertrag aufgenommen werden (selten).*

Fall 40

A und B schließen am 2.1.01 mit der Werbefilm-KG einen Arbeitsvertrag, nach dem sie für ihre Tätigkeit als Bildbearbeiter je ein monatliches Bruttogehalt in Höhe von 4.000 € erhalten. Von diesem Betrag wird der Arbeitnehmeranteil zur Sozialversicherung in Höhe von 750 € einbehalten und zusammen mit dem Arbeitgeberanteil in gleicher Höhe abgeführt. B ist zugleich Kommanditist der Werbefilm-KG. Den Nettobetrag nach Abzug der Lohnsteuer und der Sozialversicherungsbeiträge überweist die KG an A und B. Sämtliche Zahlungen werden bei der KG als Betriebsausgabe gebucht.

Welche steuerlichen Folgen ergeben sich für A und B?

Der A erzielt als Nicht-Gesellschafter Einkünfte aus nichtselbständiger Arbeit (§ 19 EStG). Seine Einnahmen in 01 betragen (12 × 4.000 =) 48.000 €. Der Arbeitgeberanteil zur Sozialversicherung (12 × 750 =) 9.000 € ist steuerfrei (§ 3 Nr. 62 EStG).

Der B erzielt als Mitunternehmer Einkünfte aus Gewerbebetrieb in Form von Sondervergütungen i.S.v. § 15 Abs. 1 Nr. 2 Satz 1 Halbsatz 2 EStG. Die Steuerbefreiungen des § 3 EStG gelten nicht, so dass auch der Arbeitgeberanteil zur Sozialversicherung zu den Sondervergütungen gehört. Insgesamt betragen die Sondervergütungen damit (12 × 4.000 + 12 × 750 =) 57.000 €.

Die Sozialversicherungsbeiträge kann A in Höhe des Arbeitnehmeranteils als Sonderausgaben in seiner Einkommensteuererklärung geltend machen. B kann neben dem Arbeitnehmeranteil auch den Arbeitgeberanteil als Sonderausgaben ansetzten (§ 10 Abs. 1 Nrn. 2 und 3 EStG).

Fall 41

A ist Gesellschafter der Bau-KG. Er erhält von der KG den Auftrag, eine Baubetreuung (Werk- und Geschäftsbesorgungsvertrag) für ein neu zu errichtendes Geschäftshaus zu übernehmen. Für seine Tätigkeit erhält er 50.000 €.

Wie ist der Sachverhalt beim Gesellschafter und bei der Gesellschaft steuerlich zu behandeln?

Zu den Tätigkeitsvergütungen gehören nicht nur die Leistungen aus Dienstverträgen, sondern auch die Leistungen aus Werkverträgen und Geschäftsbesorgungsverträgen. Also alle Leistungen aus:

- Dienstverträgen (§§ 611 ff. HGB),
- Werkverträgen (§ 631 BGB),
- Geschäftsbesorgungsverträgen (§ 675 BGB).

Dies gilt auch dann, wenn die Leistungsvergütung bei der Gesellschaft als Teil der Herstellungskosten (§ 255 Abs. 2 HGB) zu aktivieren ist. Auf den Zeitpunkt des Aufwands bei der Gesellschaft in Form einer Abschreibung oder bei Veräußerung kommt es nicht an. Insofern sind die Zurechnung beim Gesellschafter und die Aktivierung bei der Gesellschaft voneinander unabhängig.

Das Honorar des A ist eine Sondervergütung nach § 15 Abs. 1 Nr. 2 Satz 1 Halbsatz 2 EStG, die auf der zweiten Stufe der Gewinnermittlung den steuerlichen Gesamtgewinn der KG und den steuerlichen Gewinnanteil des Gesellschafters erhöht. Bei der KG gehören solche Baubetreuungshonorare zu den Herstellungskosten (§ 255 Abs. 2 HGB) der Gebäude. Sie führen also in Handels- und Steuerbilanz (also auf der ersten Stufe der Gewinnermittlung) nicht sofort zu Aufwand, vielmehr wird der Aufwand in Form von Abschreibungen über die Nutzungsdauer der Gebäude verteilt.

Fall 42

An der Bau-KG ist auch der Steuerberater S als Kommanditist beteiligt. S betreibt eine Steuerberaterkanzlei und erhält von der KG den Auftrag, die Buchführung zu erledigen, den Jahresabschluss zu erstellen und die erforderlichen Steuererklärungen abzugeben.

Sind die Honorare des S seiner freiberuflichen Tätigkeit als Steuerberater zuzuordnen (Einkünfte aus selbständiger Tätigkeit) oder handelt es sich um Sondervergütungen nach § 15 Abs. 1 Nr. 2 Satz 1 Halbsatz 2 EStG (Einkünfte aus Gewerbebetrieb)?

Lektion 9: Zweite Stufe der Gewinnermittlung – Sonderbilanzgewinn

Entscheidend für die Zurechnung als Sondervergütungen ist immer, dass die Vergütungen für Tätigkeiten im Dienste der Gesellschaft geleistet werden. Es kommt nicht darauf an, ob Leistungen regelmäßig oder nur gelegentlich erbracht werden. Es spielt auch keine Rolle, ob der Gesellschafter neben seiner Stellung als Mitunternehmer einen eigenen Gewerbebetrieb oder eine eigene freiberufliche Praxis unterhält und die vereinbarte Leistung im Rahmen dieser Betriebe erbringt. § 15 Abs. 1 Nr. 2 Satz 1 Halbsatz 2 EStG hat Vorrang vor einer Zurechnung im Einzelunternehmen oder einer freiberuflichen Praxis (BFH vom 6.11.1980 IV R 5/77 und 22.11.1994 VIII R 63/93). Diese Zurechnung erfolgt auch, wenn sich der Gesellschafter zur Erfüllung seiner vertraglichen Verpflichtungen einer eigenen Organisation mit Hilfskräften bedient, die Arbeit also nicht höchstpersönlich ausführt.

Insbesondere Honorare für freiberufliche Tätigkeiten sind also grundsätzlich Sondervergütungen i.S.v. § 15 Abs. 1 Nr. 2 Satz 1 Halbsatz 2 EStG. Der BFH hat in diesem Zusammenhang nur in wenigen Ausnahmen abweichend entschieden. So z.B. bei einem Rechtsanwalt, der als Kommanditist neben vielen anderen beteiligt ist und rein zufällig bzw. einmalig für die KG tätig wurde.

Im Fall 42 ist das Honorar des S für seine freiberufliche Tätigkeit im Rahmen seiner Steuerkanzlei für die KG eine Sondervergütung i.s.v. § 15 Abs. 1 Nr. 2 Satz 1 Halbsatz 2 EStG. Die Behandlung als Sondervergütung hat Vorrang vor einer Zurechnung zu seiner freiberuflichen Praxis. Damit in Zusammenhang stehende Aufwendungen sind Sonderbetriebsausgaben und keine Betriebsausgaben in der Steuerberaterpraxis.

Fall 43

S besitzt eine Schlosserei, die er als Einzelunternehmen führt. Gleichzeitig ist er an einer Baugesellschaft in der Rechtsform einer OHG zu 30% beteiligt. Zur Herstellung der Bauobjekte liefert er regelmäßig Waren an die OHG, die von deren Arbeitern verarbeitet werden. Die Rechnungen verbucht er in seiner Einzelfirma als Ertrag.

Sind die Erträge aus der Lieferung der Waren a) dem Einzelunternehmen oder b) als Sondervergütungen der zweiten Gewinnermittlungsstufe der OHG zuzuordnen?

Nach der Rechtsprechung des BFH ist das Tatbestandsmerkmal „Tätigkeit" i.S.d. § 15 Abs. 1 Nr. 2 Satz 1 Halbsatz 2 EStG nicht erfüllt, wenn der Gesellschafter zur Herbeiführung des der Personengesellschaft geschuldeten Erfolgs nicht nur Arbeit zu leisten, sondern auch Waren zu liefern hat, deren Wert nicht nur von untergeordneter Bedeutung ist. Es spielt daher keine Rolle, ob eine Werkleistung oder eine Lieferung vorliegt. Entscheidend ist nur, ob der Wert der Waren von untergeordneter Bedeutung ist oder nicht (BFH vom 18.9.1969 IV 338/64).

Wenn also der Wert der Waren nicht von untergeordneter Bedeutung ist, wird der Mitunternehmer seinerseits als Gewerbetreibender tätig. In einen den Fremdvergleich standhaltenden Preis der Waren ist auch ein angemessener Unternehmerlohn enthalten, der in die Einkünfte des eigengewerblich tätigen Mitunternehmers eingeht.

Die Lösung für Fall 43 liegt damit auf der Hand: Richtig ist a). Die Erträge aus den Warenlieferungen sind dem Einzelunternehmen des S zuordnen. Da es sich um eine reine Warenlieferung handelt, kann der Wert der Waren nicht nur von untergeordneter Bedeutung sein.

Fall 44

Kommanditist B ist zu 50 % an einer Gartenbau-GmbH & Co. KG beteiligt. Die Gartenbau-GmbH & Co. KG plant ihren Betrieb zu vergrößern. Daher verkauft B der Gesellschaft eine vor Jahren geerbte Parzelle zu einem marktüblichen Preis. Im Vergleich zum Kaufpreis bei der Anschaffung durch den Rechtsvorgänger erzielte B einen guten Gewinn.

Gehört die Kaufpreiszahlung durch die Gartenbau- GmbH & Co. KG zu den Sondervergütungen für Tätigkeiten im Dienst der Gesellschaft?

Wie auch Warenlieferungen im üblichen Geschäftsverkehr fallen die Veräußerung von Wirtschaftsgütern und Grundstücken des Anlagevermögens und Umlaufvermögens nicht unter § 15 Abs. 1 Nr. 2 Satz 1 Halbsatz 2 EStG, da das Tatbestandsmerkmal der „Tätigkeit" nicht erfüllt ist (BFH vom 3.5.1993 GrS 3/92).

Im Fall 44 kann B den Kaufpreis steuerfrei vereinnahmen, wenn der Zeitraum von zehn Jahren (zwischen Anschaffung durch den Erblasser und Veräußerung an die OHG) für ein privates Veräußerungsgeschäft (§§ 22 Nr. 2, 23 Abs. 1 Satz 1 Nr. 1 und Satz 3 EStG) überschritten ist.

Übersicht 13: Tätigkeitsvergütungen

Vergütungen für **Arbeitsleistungen**, **Dienstleistungen** und **Werkleistungen** sind Tätigkeitsvergütungen, die auf

- gesellschaftsrechtlicher Basis (Gewinnvorab) oder
- schuldrechtlicher Basis (gesondertes Entgelt)

vereinbart werden können.

Ein **Gewinnvorab** ist der Ergebnisverwendung zuzuordnen. Es
- mindert den steuerlichen **Gewinn** der anderen Gesellschafter.
- mindert **nicht** den Gewinn der Personengesellschaft.

Ein **gesondertes Entgelt** ist Teil der Gewinnermittlung. Es
- mindert den Gewinn der Personengesellschaft in der **Gesellschaftsbilanz** (z.B. als Personalaufwand).
- ist beim Gesellschafter als **Sonderbetriebseinnahme** zu berücksichtigen.
- hat also keine Auswirkung auf den steuerlichen Gesamtgewinn der Personengesellschaft.

Merke: Weder Gewinnvorab, noch gesondertes Entgelt wirken sich auf den steuerlichen Gesamtgewinn der Personengesellschaft aus!

Vergütungen für die Hingabe von Darlehen

Gem. § 15 Abs. 1 Nr. 2 Satz 1 Halbsatz 2 EStG gehören zu den Einkünften aus Gewerbebetrieb eines Mitunternehmers auch Vergütungen für die Hingabe eines Darlehens an die Personengesellschaft. Neben Darlehenszinsen sind auch weitere Arten von Vergütungen für die Überlassung von Kapital zur Nutzung sowie die Übernahme von Bürgschaften (Avalprovisionen) Vergütungen für die Hingabe von Darlehen.

Entscheidend ist die zivilrechtliche Abgrenzung zum Eigenkapital. Zahlungen für Eigenkapital (z.B. Kapitalkontenverzinsung) sind Vergütungen nach § 15 Abs. 1 Nr. 2 Satz 1 Halbsatz 1 EStG. Zinsen für Fremdkapital sind Sondervergütungen nach § 15 Abs. 1 Nr. 2 Satz 1

Halbsatz 2 EStG und als Sonderbetriebseinnahmen in einer Sonderbuchführung zu erfassen.

Fall 45

A ist mit Wirkung vom 1.7.01 in eine GbR eingetreten. Bereits am 2.1.01 hat er der GbR ein banküblisches Darlehen in Höhe von 40.000 € zur Anschubfinanzierung gegeben. Im Darlehensvertrag ist eine Verzinsung für das Darlehen in Höhe von 4 % p.a. vereinbart. Die Zinsen sind halbjährlich zu entrichten. Die GbR überwies die Zinsen für das erste Halbjahr 01 in Höhe von 800 € am 30.6.01 an den A.

Sind die Darlehenszinsen für das erste und das zweite Halbjahr 01 Einkünfte aus Kapitalvermögen (§ 20 EStG) oder als Sondervergütungen den Einkünften aus Gewerbebetrieb (§ 15 EStG) zuzuordnen?

Von 15 Abs. 1 Nr. 2 Satz 1 Halbsatz 2 EStG werden nur solche Darlehensvergütungen erfasst, die für Zeiträume zu zahlen sind, in denen der Darlehensgeber Mitunternehmer war.

Im Fall 45 gehört das Darlehen ab dem 1.7.01 zum notwendigen Sonderbetriebsvermögen I des A. Es ist als Forderung gegen die Gesellschaft in einer Sonderbilanz zu aktivieren. Der Ausweis dieser Forderung korrespondiert mit dem Ansatz als Verbindlichkeit in der Gesellschaftsbilanz der GbR. Betrachtet man die Steuerbilanzen der Mitunternehmerschaft (Gesellschaftsbilanz + Sonderbilanz) ist das Darlehen Eigenkapital (Ausweis als „Mehrkapital A" auf der Passivseite der Sonderbilanz).

Die für das Darlehen im ersten Halbjahr gezahlten Zinsen sind bei der GbR als Betriebsausgaben abzugsfähig. Sie mindern damit den steuerlichen Gesamtgewinn der GbR. Diese Zinsen gehören bei A zu den Einkünften aus Kapitalvermögen (§ 20 EStG).

Ab dem 1.7.01 sind die Zinszahlungen Vergütungen im Sinne von § 15 Abs. 1 Nr. 2 Satz 1 Halbsatz 2 EStG, die ebenfalls bei der GbR als Betriebsausgaben abzugsfähig sind, jedoch in der Sonderbuchführung des A als Sonderbetriebseinnahmen erfasst werden. Insofern beeinflussen die Zinszahlungen ab dem 1.7.01 den steuerlichen Gesamtgewinn der GbR nicht mehr.

Auf den Zeitpunkt der Zahlung kommt es im Übrigen nicht an, da auch bei der Gewinnermittlung auf der zweiten Stufe die Grundsätze des Betriebsvermögensvergleichs anzuwenden sind.

Vergütungen für die Überlassung von Wirtschaftsgütern

Vergütungen für die Überlassung von Wirtschaftsgütern zur Nutzung sind ebenfalls Vergütungen nach § 15 Abs. 1 Nr. 2 Satz 1 Halbsatz 2 EStG und dem Gewinnanteil des Gesellschafters hinzuzurechnen. Regelmäßig fallen darunter Vergütungen, die ein Mitunternehmer für die Vermietung von Wirtschaftsgütern seines Sonderbetriebsvermögens I an die Gesellschaft erhält.

Allerdings ist es unerheblich, ob dem Mitunternehmer die vermieteten Wirtschaftsgüter als Eigentümer zuzurechnen sind oder er ein ihm selbst zustehendes Nutzungsrecht der Mitunternehmerschaft überlässt (z.B. Weitervermietung eines angemieteten Grundstücks). Es kommt also nicht darauf an, ob sich das überlassene Wirtschaftsgut im Sonderbetriebsvermögen des Mitunternehmers befindet.

▰ Fall 46

A ist Gesellschafter einer freiberuflichen Architekten-GbR. Teile seines privaten Wohnhauses werden von der Gesellschaft als Büro- und Lagerflächen genutzt. Als monatliche Miete sind in einem Mietvertrag 2.000 € vereinbart.

Sind die monatlichen Mieteinnahmen des A seinen Einkünften aus Vermietung und Verpachtung (§ 21 EStG) zuzuordnen oder handelt es sich um gewerbliche Einkünfte (§ 15 EStG)?

Grundstücke, die nicht Gesellschaftsvermögen der Personengesellschaft sind, sondern einem, mehreren oder allen Gesellschaftern gehören, aber dem Betrieb der Personengesellschaft ausschließlich und unmittelbar dienen, sind als Sonderbetriebsvermögen I notwendiges Betriebsvermögen der Personengesellschaft. Dient ein Grundstück dem Betrieb der Personengesellschaft nur zum Teil, sind die Mitunternehmern zuzurechnenden Teile lediglich mit ihrem betrieblich genutzten Teil notwendiges Sonderbetriebsvermögen I (R 4.2 Abs. 12 Sätze 1 und 2 EStR).

Beachte: *Das Steuerrecht behandelt unterschiedlich genutzte Gebäudeteile jeweils als ein besonderes Wirtschaftsgut (R 4.2 Abs. 4 EStR).*

Im Fall 46 sind die Büro- und Lagerflächen im Wohnhaus des A daher als notwendiges Sonderbetriebsvermögen I in einer Sonderbilanz des A zu aktivieren (Passivseite: „Mehrkapital A"). Die monatliche Miete führt in der Gesamthandsbilanz der GbR zu Betriebsausgaben. Als Sondervergütungen für die Überlassung von Wirtschaftsgütern (§ 15 Abs. 1 Nr. 2 Satz 1 Halbsatz 2 EStG) gehören die Mieterträge zu den gewerblichen Einkünften des A und sind in der Sonderbuchführung des A als Sonderbetriebseinnahmen zu erfassen.

Fall 47

E ist Elektroingenieur. Zur Vermarktung eines Patents gründet er zusammen mit F und G eine OHG. Als Patentinhaber überlässt er die Rechte an dem Patent gegen eine monatliche Zahlung von 2.000 € der Gesellschaft. Diese übernimmt die Produktherstellung und den Vertrieb.

Wie ist die Überlassung des Patents steuerlich zu behandeln?

Patente gehören zu den immateriellen Wirtschaftsgütern. Die Leistung des E besteht in der Überlassung der Patentrechte an die Gesellschaft. Die Gegenleistungen in Form der monatlichen Zahlungen (Betriebsausgabe bei der OHG) sind Vergütungen für die Überlassung von Wirtschaftsgütern und gehören nach § 15 Abs. 1 Nr. 2 Satz 1 Halbsatz 2 EStG zu den gewerblichen Einkünften des E. Diese Sondervergütungen für die Überlassung von Wirtschaftsgütern werden innerhalb der Sonderbuchführung des E als Sonderbetriebseinnahmen erfasst. Das Patent ist in der Sonderbilanz zu aktivieren. Gegenkonto auf der Passivseite ist das Mehrkapital des E.

Fall 48

Der Mitgesellschafter F der OHG aus Fall 47 vermietet seiner Gesellschaft ein Grundstück für 1.500 € monatlich, das er für 1.200 € monatlich von einem Dritten angemietet hat.

Wie ist dieser Sachverhalt steuerlich zu würdigen?

Da das vermietete Grundstück dem Gesellschafter F nicht gehört (er ist nicht Eigentümer) ist es kein Sonderbetriebsvermögen. Die vereinnahmte

Miete (monatlich 1.500 €) gehört dennoch zu den Sondervergütungen i.S.v. § 15 Abs. 1 Nr. 2 Satz 1 Halbsatz 2 EStG und damit zu den Einkünften aus Gewerbebetrieb. In der Sonderbuchführung werden die Sondervergütungen als Sonderbetriebseinnahmen erfasst. Die von F gezahlte Miete in Höhe von monatlich 1.200 € ist als Sonderbetriebsausgabe abzugsfähig.

Einnahmen von Dritten

Die gewerblichen Einkünfte des Gesellschafters einer Personengesellschaft beschränken sich nicht nur auf den Anteil am gesamthänderisch erzielten Gewinn und den Sondervergütungen. Neben in Sondervergütungen, die als Sonderbetriebseinnahmen in die Sonderbuchführung des Gesellschafters eingehen, sind weitere Sonderbetriebseinnahmen und Sonderbetriebsausgaben zu berücksichtigen. Diese Einnahmen und Ausgaben haben ihre Veranlassung in der Beteiligung des Gesellschafters an der Personengesellschaft.

Fall 49
Gesellschafter F aus Fall 48 veräußert das an die Gesellschaft vermietete Grundstück (notwendiges Sonderbetriebsvermögen I) zu einem Preis, der 20.000 € über Buchwert des Grundstücks in der Sonderbilanz liegt.

Wie ist der Sachverhalt steuerlich zu behandeln?

Zu den Sonderbetriebseinnahmen gehören nicht nur Einnahmen, die der Gesellschafter von seiner Gesellschaft erhält, sondern auch Einnahmen von Dritten für Wirtschaftsgüter des Sonderbetriebsvermögens. Dazu gehören insbesondere Gewinne aus der Veräußerung dieser Wirtschaftsgüter.

Im Fall 49 gehören die Einnahmen aus der Veräußerung des Grundstücks zu den Sonderbetriebseinnahmen des F. In Höhe der Differenz zwischen im Veräußerungspreis und dem Buchwert des Grundstücks erzielt er einen Veräußerungsgewinn der den gewerblichen Einkünften des F zuzurechnen ist.

Weitere Beispiele für Sonderbetriebseinnahmen sind Einnahmen, die der Gesellschafter von Dritten aufgrund seiner Gesellschafterstellung erhält. Dies sind u.a. Schmiergelder, persönliche Rabatte und Vergütungen im Zusammenhang mit Geschäften des Betriebes (z.B. der Gegenwert einer Reise, die ein Geschäftspartner einem Gesellschafter zuwendet, BFH vom 20.4.1989 IV R 106/87).

Fall 50

R ist an einer Rechtsanwaltssozietät beteiligt. Er fährt mit seinem Privatwagen gelegentlich zu Mandanten oder zu Gerichtsterminen. Die Kosten werden nicht von der Gesellschaft erstattet.

Kann R die ihm im Zusammenhang mit den Fahrten entstandenen Pkw-Kosten steuerlich geltend machen?

Wenn einem Gesellschafter Aufwendungen im Zusammenhang mit seiner Tätigkeit im Dienst der Gesellschaft oder für die Hingabe von Darlehen oder für die Überlassung von Wirtschaftsgütern entstehen, mindern diese als Sonderbetriebsausgaben dem Gewinnanteil des Gesellschafters.

Im Fall 50 hat der R im Zusammenhang mit seiner Tätigkeit im Dienst der Gesellschaft Pkw-Kosten getragen. Obwohl der Pkw wegen geringer betrieblicher Nutzung (< 10 %) nicht zum Sonderbetriebsvermögen gehört, kann R je gefahrenen Kilometer 0,30 € als Sonderbetriebsausgaben ansetzen.

Leitsatz 34

Sonderbetriebseinnahmen

Tätigkeitsvergütungen, Vergütungen für die Hingabe von Darlehen und Vergütungen für die Überlassung von Wirtschaftsgütern (= **Sondervergütungen** nach § 15 Abs. 1 Nr. 2 Satz 1 Halbsatz 2) sowie **Einnahmen von Dritten** für Wirtschaftsgüter des Sonderbetriebsvermögens und aufgrund der Gesellschafterstellung erhöhen als Sonderbetriebseinnahmen den steuerlichen **Gewinnanteil** das Gesellschafters.

Hinweis: *Sondervergütungen haben (im Gegensatz zu Einnahmen von Dritten) zuvor als Betriebsausgabe den steuerlichen Gewinn aus dem Gesellschaftsvermögen vermindert.*

Fall 51

KFZ-Meister K hat seiner Gesellschaft eine Betriebshalle mietfrei zur Nutzung überlassen. Die laufenden Grundstücks- und Gebäudekosten trägt der K allein.

Kann K die im Zusammenhang mit der Betriebshalle entstehenden Kosten steuerlich geltend machen?

Als Sonderbetriebsausgaben sind auch sämtliche Aufwendungen abzugsfähig, die im Zusammenhang mit Wirtschaftsgütern des Sonderbetriebsvermögens stehen. Dies gilt selbst dann, wenn für diese Wirtschaftsgüter von der Personengesellschaft keine Vergütungen gezahlt werden. Aufwendungen im Zusammenhang mit der Überlassung von Wirtschaftsgütern sind insbesondere AfA, Grundsteuer, Versicherungen, Finanzierungskosten und allgemeine Verwaltungskosten.

Das Grundstück des K im Fall 51 ist notwendiges Sonderbetriebsvermögen I, so dass damit in Zusammenhang stehenden Aufwendungen als Sonderbetriebsausgaben geltend gemacht werden können. Somit mindern Aufwendungen für die Betriebshalle den steuerlichen Gewinnanteil des K.

Leitsatz 35

Sonderbetriebsausgaben

Alle Aufwendungen eines Gesellschafters, die **durch seine Beteiligung** an der Personengesellschaft **veranlasst** sind, mindern als Sonderbetriebsausgaben seinen steuerlichen Gewinnanteil und damit auch den steuerlichen Gesamtgewinn der Personengesellschaft.

Zusammenfassung

Die folgende Übersicht fasst nun die zweite Stufe der Gewinnermittlung zusammen. Bezogen auf den einzelnen Gesellschafter erhält man nach Berücksichtigung des Sonderbilanzgewinns (= Sonderbetriebseinnahmen ./. Sonderbetriebsausgaben) den steuerlichen Gewinnanteil des

Gesellschafters. Die Addition aller Gewinnanteile ergibt dann den steuerlichen Gesamtgewinn der Gesellschaft.

Übersicht 14: Zweite Stufe der Gewinnermittlung – Sonderbilanzgewinn

Gewinnanteil des Gesellschafters i.S.d. § 15 Abs. 1 Nr. 2 Satz 1 Halbsatz 1 EStG

+ Sonderbetriebseinnahmen
  - **Tätigkeitsvergütungen** aus
    - Dienstverträgen
    - Werkverträgen
    - Geschäftsbesorgungsverträgen
  - Vergütungen für die Hingabe von **Darlehen**
  - Vergütungen für die Überlassung von **Wirtschaftsgütern**
  - Einnahmen von Dritten

./. Sonderbetriebsausgaben

= Steuerlicher Gewinn des Gesellschafters

Die Summe der steuerlichen Gewinne der Gesellschafter ist der steuerliche Gesamtgewinn der Gesellschaft.

Die Ergebnisse der Lektionen 8 und 9 fasst die nachfolgende

▶ Großübersicht

(vgl. auch Hennrichs, in: Tipke/Lang, 23. Aufl., S. 709) anhand des Beispiels einer Personengesellschaft mit zwei Gesellschaftern A und B zusammen.

Bei beiden Gesellschaftern werden personenbezogene Wertkorrekturen (Ergänzungsbilanzen) und Sondervergütungen berücksichtigt. Es wird deutlich, dass die steuerliche Gewinnermittlung bei Personengesellschaften ein recht komplexes Unterfangen ist.

Lektion 9: Zweite Stufe der Gewinnermittlung – Sonderbilanzgewinn

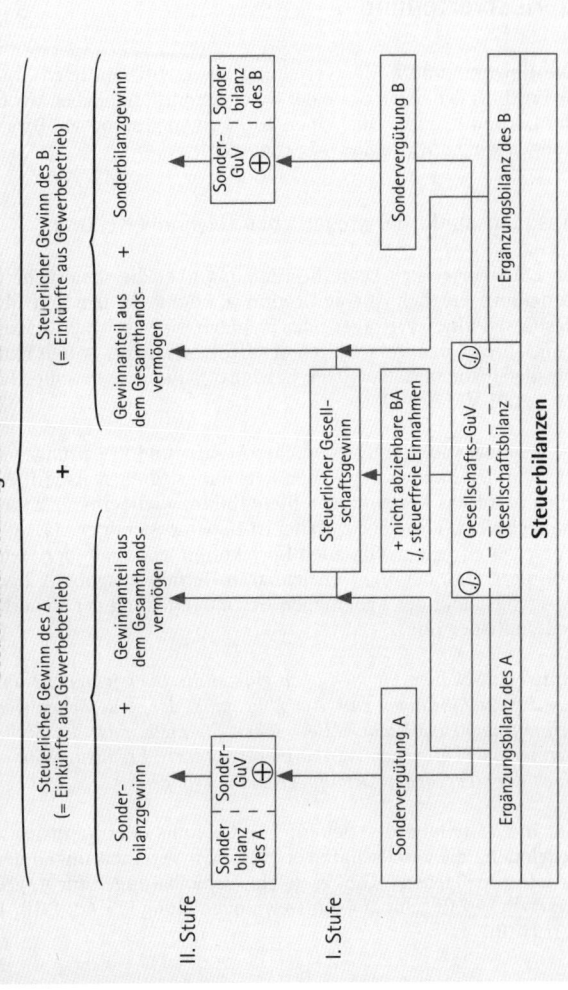

Großübersicht 15: Zweistufige steuerliche Gewinnermittlung

Lektion 10: Steuerliche Gewinn- und Verlustverteilung

Die Gewinn- und Verlustverteilung des erwirtschafteten Ergebnisses (= Ergebnis der ersten Stufe der Gewinnermittlung) haben wir bereits in der Lektion 8 am Beispiel einer OHG kurz angesprochen. Diese Überlegungen wollen wir in dieser Lektion vertiefen.

Ausgangspunkt der steuerlichen Gewinnverteilung

Im EStG findet sich keine Bestimmung über die steuerliche Gewinnverteilung. Folglich ist eine Gewinnverteilung, die den Vereinbarungen des Gesellschaftsvertrages oder (mangels einer solchen Gewinnverteilungsabrede) den Vorschriften des HGB entspricht, grundsätzlich auch für die einkommensteuerliche Gewinnverteilung zu beachten (BFH vom 29.5.2001 VIII R 10/00).

Insbesondere aufgrund steuerlicher Ansatz- und Bewertungsvorbehalte, die von den handelsrechtlichen Rechnungslegungsvorschriften abweichen, wird das Ergebnis der Steuerbilanz vielfach vom Ergebnis der Handelsbilanz abweichen. Weiter ist zu berücksichtigen, dass steuerliche Vorschriften regelmäßig auch Korrekturen außerhalb der Steuerbilanz erfordern (z.B. bei nicht abziehbaren Betriebsausgaben). Insofern ist Ausgangspunkt der steuerlichen Gewinnverteilung der steuerliche Gesellschaftsgewinn.

Hinweis: *Schauen Sie sich noch einmal die Übersichten 12 und 15 an, um die Ausführungen zum Ausgangspunkt der steuerlichen Gewinnverteilung nachzuvollziehen. Dort sehen Sie auch, dass die Einbeziehung der personenbezogenen Wertkorrekturen (durch Ergänzungsbilanzen) erst nach der steuerlichen Gewinnverteilung erfolgen!*

Für die Verteilung des steuerlichen Gewinns oder Verlustes sind also regelmäßig die gesellschaftsvertraglichen Vereinbarungen der Gesellschafter maßgebend. Gibt es solche Vereinbarungen nicht, greifen die gesetzlichen Regelungen zur Gewinnverteilung (§§ 722 BGB, 121, 168, 231 HGB).

Gesetzliche Regelungen

■ Fall 52

An der ABC-OHG sind A, B und C beteiligt. Die Kapitalkontenentwicklung für das Jahr 01 (in Euro) hat folgendes Aussehen:

	A	B	C
Stand 1.1.	50.000	80.000	40.000
Einlagen 1.7.	50.000	0	30.000
Entnahme 1.10.	0	10.000	0
Stand 31.12.	100.000	70.000	70.000

Die ABC-OHG hat für das Geschäftsjahr 01

a) einen steuerlichen Gesellschaftsgewinn in Höhe von 120.800 €

b) einen steuerlichen Gesellschaftsgewinn in Höhe von 4.897 €

c) einen steuerlichen Gesellschaftsverlust in Höhe von 60.000 €

erzielt. Hinsichtlich der Gewinn-und Verlustverteilung bestehen keine vertraglichen Vereinbarungen.

Wie verteilen sich die steuerlichen Gewinne in den Fällen a) und b) bzw. der Verlust in Fall c) auf die Gesellschafter?

Da es im Fall 52 keine vertraglichen Vereinbarungen zur Gewinn- und Verlustverteilung gibt, gelten die gesetzlichen Regelungen. Grundsätzlich steht den Gesellschaftern eine Personengesellschaft ein angemessener Anteil am Gewinn der Gesellschaft zu. Zur Bestimmung dieses Anteils hat der Gesetzgeber verschiedene Maßstäbe vorgesehen.

So nehmen die Gesellschafter einer GbR nach § 722 Abs. 1 BGB unabhängig von der Höhe der geleisteten Einlage am Gewinn und Verlust nach Köpfen teil. Den Gesellschaftern einer OHG steht nach § 121 Abs. 1 HGB aus dem Gewinn zunächst eine Kapitalverzinsung Höhe von 4% Kapitals zu. Der Zinssatz verringert sich bei nicht ausreichendem Gewinn entsprechend. Der danach verbleibende Restgewinn steht den Gesellschaftern nach § 121 Abs. 3 HGB nach Köpfen zu. Verluste sind ebenfalls nach Köpfen zu verteilen.

Die Gesellschafter einer KG (Komplementäre und Kommanditisten) erhalten ebenfalls vorab eine Verzinsung der Kapitalanteile in Höhe von 4% (§ 168 Abs. 1 HGB). Der hiernach verbleibende Gewinn bzw. Verlust ist nach § 168 Abs. 2 HGB in einem den Umständen nach angemessenen Verhältnis zu verteilen. Dabei werden insbesondere die persönliche Haftung der Komplementäre und die Leistungen einzelner Gesellschafter für die KG zu berücksichtigen sein.

Für unseren Fall 52 folgt aus den gesetzlichen Regelungen zur Gewinnverteilung einer OHG (Kapitalverzinsung von 4%, Rest nach Köpfen) für A, B und C folgende steuerliche Gewinnverteilung:

Schritt 1: Ermittlung der Kapitalverzinsung

A: 50.000 € × 4% × $^{6}/_{12}$ + 100.000 € × 4% × $^{6}/_{12}$ = 3.000 €

B: 80.000 € × 4% × $^{9}/_{12}$ + 70.000 € × 4% × $^{3}/_{12}$ = 3.100 €

C: 40.000 € × 4% × $^{6}/_{12}$ + 70.000 € × 4% × $^{6}/_{12}$ = 2.200 €

Schritt 2: Steuerliche Gewinn- bzw. Verlustverteilung

Fall a) ist unproblematisch; der steuerliche Gewinn ist so hoch, dass damit der Gewinnanteil aufgrund der Kapitalverzinsung gedeckt ist und der Rest nach Köpfen verteilt werden kann.

Fall b) ist dadurch gekennzeichnet, dass der die Kapitalverzinsung höher ist, als der zu verteilende steuerliche Gewinn. Da es sich bei der Kapitalverzinsung um einen reinen Gewinnanteil handelt, ist der Zinssatz entsprechend dem zu verteilenden steuerlichen Gewinn zu ermäßigen.

Der Zinssatz kann als Dreisatz 4% = 8.300, ×% = 4.897 errechnet werden: 4 × 4.897/8.300 = 2,36%. Entsprechend geringer fällt die Kapitalverzinsung für die Gesellschafter aus.

A: 50.000 € × 2,36% × $^{6}/_{12}$ + 100.000 € × 2,36% × $^{6}/_{12}$ = 1.770 €

B: 80.000 € × 2,36% × 9/12 + 70.000 € × 2,36% × 3/12 = 1.829 €

C: 40.000 € × 2,36% × 6/12 + 70.000 € × 2,36% × 6/12 = 1.298 €

Fall c) beschreibt eine Verlustsituation. Im Verlustfall erfolgt keine Kapitalverzinsung, der steuerliche Verlust ist in voller Höhe nach Köpfen zu verteilen.

Die Ergebnisse lassen sich wie folgt (in Euro) zusammenfassen:

	a)	b)	c)
Steuerlicher Gesellschaftsgewinn bzw. -verlust	120.800	4.897	./. 60.000
Kapitalverzinsung A Kapitalverzinsung B Kapitalverzinsung C	./. 3.000 ./. 3.100 ./. 2.200	./. 1.770 ./. 1.829 ./. 1.298	0 0 0
Steuerlicher Restgewinn bzw. -verlust	112.500	0	./. 60.000
Verteilung nach Köpfen	je 37.500	0	je ./. 20.000

Damit sind den Gesellschaftern folgende steuerliche Gewinn- bzw. Verlustanteile aus dem Gesellschaftsvermögen (in Euro) zuzurechnen:

a)	A	B	C
Kapitalverzinsung	3.000	3.100	2.200
Restgewinn	37.500	37.500	37.500
Summe = **Gewinnanteil aus dem Gesellschaftsvermögen**	**40.500**	**40.600**	**39.700**

b)	A	B	C
Kapitalverzinsung	1.770	1.829	1.298
Restgewinn	0	0	0
Summe = **Gewinnanteil aus dem Gesellschaftsvermögen**	1.770	1.829	1.298
c)	A	B	C
Kapitalverzinsung	0	0	0
Verlust	./. 20.000	./. 20.000	./. 20.000
Summe = **Verlustanteil aus dem Gesellschaftsvermögen**	./. 20.000	./. 20.000	./. 20.000

Fall 53

Nehmen wir an, im Fall 52 wird für den Gesellschafter A eine Ergänzungsbilanz geführt in der für das Geschäftsjahr 01 ein Gewinn aufgrund einer Minder-AfA in Höhe von 2.500 € ausgewiesen ist.

Welche Auswirkungen hat die Ergänzungsbilanz auf den steuerlichen Gewinnanteil des Gesellschafters?

Wenn für einen Mitunternehmer eine steuerliche Ergänzungsbilanz zur Berücksichtigung personenbezogener Wertkorrekturen geführt wird, ist das Ergebnis aus der Ergänzungsbilanz erst nach Verteilung des steuerlichen Ergebnisses aus der Gesellschaftsbilanz zu berücksichtigen. Das Ergebnis der Ergänzungsbilanz korrigiert den steuerlichen Gewinnanteil aus der Gesellschaftsbilanz für den jeweiligen Gesellschafter.

Demnach ist der Gewinnanteil des A in Fall 53 wie folgt zu korrigieren (in Euro):

a)	A
Kapitalverzinsung	3.000
Restgewinn	37.500
Ergänzungsgewinn	2.500
Summe = Gewinnanteil aus dem Gesellschaftsvermögen	**43.000**
b)	
Kapitalverzinsung	1.770
Restgewinn	0
Ergänzungsgewinn	2.500
Summe = Gewinnanteil aus dem Gesellschaftsvermögen	**4.270**
c)	
Kapitalverzinsung	0
Verlust	./. 20.000
Ergänzungsgewinn	2.500
Summe = Verlustanteil aus dem Gesellschaftsvermögen	**17.500**

Vertragliche Regelungen

Fall 54

Die Gesellschafter einer GbR sind zu gleichen Teilen Mitunternehmer. Einer der Gesellschafter verfügt über sehr gute persönliche Kontakte, was dazu führt, dass ein großer Teil des Umsatzes aufgrund dieser Kontakte erzielt wird. Diesem Umstand ist im Gesellschaftsvertrag Rechnung getragen worden. Vom laufenden Gewinn erhält dieser Gesellschafter vorab 12.000 €. Der Rest des Gewinns wird nach Köpfen verteilt.

Ist diese von der gesetzlichen Regelung abweichende Gewinnverteilungsabrede steuerlich anzuerkennen?

In gesellschaftsvertraglichen Gewinnabreden ist die Art der Gewinnverteilung den Gesellschaftern völlig freigestellt. In Frage kommt z.B. eine Gewinnverteilung nach Kapitalanteilen, nach bestimmten Quoten, mit oder ohne Kapitalverzinsung. Häufig wird vereinbart, dass einzelne Gesellschafter vorab Gewinnanteile erhalten (sog. Vorabgewinn). Damit können unterschiedliche Leistungen der Gesellschafter für die

Gesellschaft (z.B. Arbeitsleistung, Überlassung von Wirtschaftsgütern) angemessen berücksichtigt werden.

Die natürlichen Interessengegensätze bei Personengesellschaften zwischen Fremden begründen eine Vermutung dahin, dass die vereinbarte Gewinnverteilung dem Beitrag des Gesellschafters zur Erreichung des Gesellschaftszwecks entspricht (BFH vom 29.5.1972 IV B 52/67). Damit kann grundsätzlich davon ausgegangen werden, dass den jeweils zu erbringenden Leistungen der Gesellschaft auch eine angemessene Gegenleistung gegenübersteht. Damit stellt sich die Frage der Angemessenheit der bezogenen Leistungen nicht und die gewählte Gewinnverteilungsabrede wird nicht zu beanstanden sein.

Im Fall 54 verschafft der Gesellschafter mit seinen persönlichen Kontakten seiner Gesellschaft Vorteile, die die besondere Vergütung in Form eines Vorabgewinns rechtfertigen. Aber auch aufgrund der abstrakten Tatsache, dass zwischen den (sich nicht in besonderer Weise nahestehenden) Gesellschaftern natürliche Interessengegensätze bestehen, ist der Vorabgewinn grundsätzlich weder dem Grunde, noch der Höhe nach zu beanstanden und damit steuerlich anzuerkennen.

Leitsatz 36

Gewinn- und Verlustverteilung

Für die Verteilung des auf der ersten Stufe der Gewinnermittlung erzielten steuerlichen Gewinns oder Verlustes sind regelmäßig die **gesellschaftsvertraglichen Vereinbarungen** der Gesellschafter maßgebend.

Gibt es solche Vereinbarungen nicht, greifen die **gesetzlichen Regelungen** zur Gewinnverteilung (§§ 722 BGB, 121, 168, 231 HGB).

Für besondere Leistungen einzelner Gesellschafter gegenüber der Gesellschaft werden häufig **Vorabgewinne** vereinbart. Diese mindern den steuerlich verteilbaren Gewinn aus dem Gesellschaftsvermögen.

Der verbleibende Restgewinn wird nach den von den Gesellschaftern getroffenen weiteren Vereinbarungen verteilt.

Angemessenheit der Gewinnverteilung bei Familiengesellschaften

▰▰▰ Fall 55

KFZ-Meister K hat seine zwei minderjährigen, nicht mitarbeitenden Töchter L und M mit jeweils 2.000 € im Wege einer Schenkung an seiner KG beteiligt. Sein eigener Anteil beträgt 196.000 €. Der Verkehrswert (= gemeiner Wert) des Betriebes einschließlich aller stiller Reserven beläuft sich auf 1 Mio. €. Der durchschnittliche Jahresgewinn der KG beträgt 200.000 €. Im Gesellschaftsvertrag ist vereinbart, dass Komplementär K einen Gewinnanteil von 80% und die Kinderkommanditisten einen Gewinnanteil von jeweils 10% erhalten. K erhält als Vorabgewinn eine Tätigkeitsvergütung und eine Vergütung für das Haftungsrisiko (als Komplementär) von insgesamt (angemessen) 120.000 €.

Wird die Gewinnverteilungsabrede im Rahmen der steuerlichen Gewinnverteilung Bestand haben können?

Da bei Gesellschaftsverhältnissen unter Familienangehörigen der natürliche Interessengegensatz häufig fehlt, stellt sich die Frage der Angemessenheit der Gewinnverteilung. Daher ist die vereinbarte Gewinnverteilung nach Auffassung der höchstrichterlichen Rechtsprechung und der Finanzverwaltung, regelmäßig auf ihre steuerliche Angemessenheit zu überprüfen. Ziel ist es, eine Gewinnverteilung, wie unter Fremden herzustellen. Damit werden die Gewinnanteile steuerlich (!) den Gesellschaftern zugerechnet, die die entsprechenden Gesellschaftsbeiträge (Mitarbeit, Kapital, Haftung etc.) geleistet haben (R 15.9 Abs. 3 EStR).

Die Angemessenheit von Gewinnverteilungsabreden ist im Gesetz nicht geregelt und daher regelmäßig Gegenstand der Rechtsprechung. Aus dieser Rechtsprechung und der Verwaltungsauffassung lassen sich folgende Hinweise zur Angemessenheit formulieren:

▶ Bei einem unentgeltlich erworbenen Kommanditanteil (geschenkte Mittel) wird eine Rendite von 15% des gemeinen Wertes der Kommanditeinlage als Obergrenze angesehen (BFH vom 24.7.1986 IV R 103/83; H 15.9 Abs. 3 „Allgemeines" EStH),

- ein höherer Gewinnanteil ist bei Mitarbeit des Gesellschafters möglich,

- ein geringerer Gewinnanteil wäre angemessen, wenn der Kommanditist nicht an den stillen Reserven beteiligt oder die Entnahme von Gewinnanteilen eingeschränkt ist.

▶ Bei einem entgeltlich, aus eigenen Mitteln erworbenen Kommanditanteil gilt eine Rendite von 25 bis 35 % des gemeinen Wertes der Kommanditeinlage als Obergrenze (BFH vom 16.12.1981 I R 167/78; H 15.9 Abs. 5 „Eigene Mittel" EStH).

Die Grenzen sind als durchschnittliche Renditen innerhalb eines Zeitraums von fünf Jahren zu verstehen (BFH vom 29.5.1972 GrS 4/71; H 15.9 Abs. 3 „Allgemeines" EStH). Angemessen wird also (bei unentgeltlichem Erwerb des Kommanditanteils) eine Gewinnverteilung angesehen, die auf längere Sicht zu einer Verzinsung des tatsächlichen Wertes des Gesellschaftsanteils von 15 % führt.

Im Fall 55 ist bei der Prüfung der Angemessenheit daher wie folgt vorzugehen:

Schritt 1: Ermittlung des zu verteilenden Restgewinns

200.000 € ./. 120.000 € (Haftungs- und Tätigkeitsvergütung) = 80.000 € Restgewinn

Schritt 2: Ermittlung des gemeinen Wertes der Kommanditanteile

Das Verhältnis zwischen Nominalkapital (200.000 €) und gemeinem Wert der Anteile (1 Mio. €) beträgt $1/5$, d.h. den gemeinen Wert der Anteile erhält man, indem das jeweilige Nominalkapital der Gesellschafter mit 5 multipliziert wird (in Euro):

	K	L	M
Nominalkapital	196.000	2.000	2.000
Gemeiner Wert	980.000	10.000	10.000

Schritt 3: Ermittlung der angemessenen Verzinsung je Kind

Gemeiner Wert (10.000 €) × angemessene Rendite (15%) = angemessene Verzinsung (1.500 €)

Schritt 4: Gegenüberstellung der tatsächlichen Gewinnverteilung

Die tatsächliche Verteilung des Restgewinns erfolgt im Verhältnis 80:10:10, also 64.000 € : 8.000 € : 8.000 €. Die angemessene Verteilung des Restgewinns sieht für die Kinderkommanditisten eine angemessene Verzinsung von 1.500 € (Schritt 3) vor. Daraus folgt die tabellarische Gegenüberstellung (in Euro):

	K	L	M
tatsächliche Verteilung	64.000	8.000	8.000
angemessene Verteilung	77.000	1.500	1.500
Korrekturbedarf	**+ 13.000**	**./. 6.500**	**./. 6.500**

Schritt 5: Folgerungen

Nach der Angemessenheitsprüfung hat die steuerliche Gewinnverteilung (in Euro) folgendes Aussehen:

	K	L	M
Vorabgewinn	120.000	0	0
Restgewinn	77.000	1.500	1.500
Gewinnanteil	**197.000**	**1.500**	**1.500**

Die Differenz zwischen der tatsächlichen Gewinnverteilung (= handelsrechtlich zugewiesene Gewinnanteile) und dem angemessenen Gewinnanteil ist einkommensteuerlich eine Zuwendung im privaten Bereich (§ 12 Nr. 2 EStG).

Leitsatz 37

Angemessenheit der Gewinnverteilung

Bei sog. **fremden Gesellschaftern** (nicht verwandt etc.) begründen die **natürlichen Interessengegensätze** eine Vermutung dahin, dass die vereinbarte Gewinnverteilung dem Beitrag des Gesellschafters zur Erreichung des Gesellschaftszwecks entspricht. Damit kann grundsätzlich davon ausgegangen werden, dass Leistung und Gegenleistung gleichwertig gegenüberstehen.

Etwas anderes wird bei **Familiengesellschaften** oder in vergleichbarer Form nahestehenden Gesellschaftern vermutet. **Unangemessene Gewinnverteilungen** sind zu **korrigieren**. Die Differenz zwischen der tatsächlichen Gewinnverteilung und dem angemessenen Gewinnanteil ist einkommensteuerlich als **Zuwendung** im privaten Bereich anzusehen.

Änderung der der Gewinnverteilungsabrede

Fall 56

Gärtner G führt einen Gartenbaubetrieb in der Rechtsform einer GmbH & Co. KG. Kommanditisten sind er und seine Ehefrau mit einem angemessenen Gewinnanteil (nach Abzug seines Vorabgewinns) von je 40 %, ferner seine zwei Kinder mit einem angemessenen Gewinnanteil von je 10 %. Kurz vor Ende des Geschäftsjahres ändern die Gesellschafter diese Gewinnverteilungsabrede rückwirkend zum 1.1. Auch diese Gewinnverteilungsabrede ist angemessen.

Ist die Änderung der Gewinnverteilungsabrede im laufenden Geschäftsjahr mit Rückwirkung auf den 1.1. steuerlich anzuerkennen?

Zivilrechtlich und handelsrechtlich können Gewinnverteilungsabreden jederzeit (auch rückwirkend) geändert werden. Steuerrechtlich wird eine Änderung der Gewinnverteilungsabrede grundsätzlich übernommen. Anders sind jedoch zwei Fälle zu beurteilen:

▶ Die Gewinnverteilung bei einer Familiengesellschaft oder vergleichbaren Personen entspricht nicht mehr dem, was zwischen fremden Gesellschaftern vereinbart würde (BFH vom 15.5.1975 IV

R 138/70). Mithin ist die Gewinnverteilung nicht mehr angemessen.

▶ Es wurde eine rückwirkende Änderung vereinbart. Steuerlich werden Änderungen der Gewinnverteilungsabrede nur für die Zukunft anerkannt (BFH vom 21.12.1972 IV R 194/96 und 29.5.2001 VIII R 10/00). Unschädlich ist aus Billigkeitsgründen eine nur kurzfristige Rückwirkung von ca. vier bis sechs Wochen.

Begründet wird das Verbot einer steuerlichen rückwirkenden Änderung der Gewinnverteilungsabrede damit, dass ein Gewinn oder Verlust am jeweiligen Tag der Erledigung der Geschäftsvorfälle entsteht. Da jeder Gesellschafter den Gewinn versteuern muss, der in seiner Person nach der Gewinnverteilungsabrede verwirklicht ist, verbietet sich eine rückwirkende Änderung (BFH vom 12.6.1980 IV R 40/77).

Beachte: *Eine Rückwirkung in dem hier verstandenen Sinne liegt jedoch nicht vor, wenn sich eine schriftliche Vereinbarung zwar auf einen zurückliegenden Zeitpunkt bezieht, aber nur eine Bestätigung dessen ist, was die Beteiligten bereits mündlich vereinbart haben (BFH vom 24.6.2009 IV R 55/06).*

Fall 57
Aufgrund unüberbrückbarer Differenzen haben A und B ihre GbR aufgelöst. Über die Verteilung des Gewinns streiten sie vor einem Gericht. Nach Jahren kommen sie zu einer außergerichtlichen Einigung, nach der B rückwirkend einen höheren Gewinnanteil für fünf Jahre erhält.

Im Fall 57 handelt es sich um die richtige Feststellung eines unklaren Sachverhalts, die durch ein Urteil des Gerichts erfolgt wäre, wenn die Parteien sich nicht außergerichtlich geeinigt hätten (BFH vom 23.4.1975 I R 234/74). Die Rechtsprechung des BFH sieht diesen Fall nicht als eine Rückwirkung an. Der Gewinnanteil von B ist jeweils für die betreffenden Jahre zu erhöhen, der von A entsprechend zu mindern.

Leitsatz 38

Änderungen der Gewinnverteilungsabrede

Eine zivilrechtlich wirksame Änderung der Gewinnverteilungsabrede wird steuerlich in der Regel übernommen. Es gibt jedoch zwei wichtige Ausnahmen:

- **nicht angemessene** Gewinnverteilungsabreden, insbesondere bei Familiengesellschaften oder nahestehenden Personen,
- **rückwirkende** Änderungen der Gewinnverteilungsabrede.

Übersicht 16: Gewinnverteilung bei Personengesellschaften

Gesetzliche Regelungen			
GbR	OHG	KG	Stille Gesellschaft
§ 722 BGB	§ 121 HGB	§ 168 HGB	§ 231 HGB
Verteilung nach Köpfen	Kapitalverzinsung 4 %, Rest nach Köpfen	Kapitalverzinsung 4 %, Rest angemessen	angemessen

Vertragliche Regelungen

Es besteht **Vertragsfreiheit**. Zivilrechtlich ist die Gewinnverteilung den Gesellschaftern völlig freigestellt. So kann die Gewinnverteilung z.B. erfolgen nach:

- Köpfen,
- Kapitalanteilen,
- Quoten,
- Arbeitseinsatz,
- Haftungsrisiko,
- Kenntnissen und Fähigkeiten,
- mit oder ohne Kapitalverzinsung,
- mit oder ohne Vorabvergütung.

Steuerrechtliche Einschränkungen

Die zivilrechtliche Gewinnverteilungsabrede wird in der Regel für steuerliche Zwecke übernommen. Es gibt jedoch zwei Ausnahmen:

- **nicht angemessene** Gewinnverteilungsabreden (insbesondere bei Familiengesellschaften bzw. nahestehenden Personen),
- **rückwirkende** Änderungen der Gewinnverteilungsabrede.

Lektion 11: Ertragsbesteuerung ausgeschütteter und thesaurierter Gewinne

Fall 58

Die Münzhandel-OHG hat einen Gewinn vor Steuern von 200.000 € erzielt. Die Gewerbesteuerschuld beträgt 28.000 € (Hebesatz 400%). Der Gewinn entfällt je zur Hälfte auf Gesellschafter A und B. Der A lässt sich seinen Gewinnanteil voll auszahlen, B möchte erst einmal die ihm erst kürzlich zugefallene Erbschaft verprassen und lässt das Geld daher im Unternehmen. Es sei für beide Gesellschafter ein persönlicher Einkommensteuersatz von 42% unterstellt.

Welche Möglichkeiten der Besteuerung ihres Gewinnanteils aus der OHG haben die Gesellschafter A und B?

Wie wir bereits in der ersten Lektion festgestellt haben, ist die Personengesellschaft als solche weder einkommen- noch körperschaftsteuerpflichtig. Aus diesem Grunde wird der Gesamtgewinn der Personengesellschaft nach dem Gewinnverteilungsschlüssel (Gewinnverteilungsabrede oder gesetzliche Regelung) den einzelnen Gesellschaftern zugerechnet. Damit erfolgt die Besteuerung der erzielten Gewinne durch die Gesellschafter im Entstehungsjahr des Gewinns und unabhängig davon, ob der Gewinn entnommen oder im Unternehmen belassen wird.

Dieses Prinzip der zeitnahen und verwendungsunabhängigen Besteuerung kann auf Antrag des Steuerpflichtigen gem. § 34a EStG durchbrochen werden. Nach dieser Regelung ist es möglich, den nicht entnommenen Gewinn mit einem ermäßigten Tarifsteuersatz der Einkommensteuer von 28,25% zzgl. SolZ zu versteuern. Bei einer späteren Ausschüttung (Entnahme) erfolgt eine Nachbelastung auf Gesellschafterebene (§ 34a Abs. 4 EStG) mit dem Nachversteuerungssatz von 25% zzgl. SolZ.

Begünstigt sind bei entsprechender Antragstellung die Bezieher von Gewinneinkünften (§§ 13, 15, 18 EStG), die ihren Gewinn mittels Betriebsvermögensvergleich (§ 4 Abs. 1, § 5 EStG) ermitteln. Nicht begünstigt sind Veräußerungsgewinne oder Aufgabegewinne i.S.v. § 16 Abs. 1 EStG für die ein Freibetrag nach § 16 Abs. 4 EStG oder der ermäßigte Steuertarif nach § 34 Abs. 3 EStG in Anspruch genommen wird (§ 34a Abs. 1 Satz 1 Halbsatz 2 EStG).

Lektion 11: Ertragsbesteuerung ausgeschütteter und thesaurierter Gewinne

Leitsatz 39

Prinzip der zeitnahen und verwendungsunabhängigen Besteuerung

Die Besteuerung der in einer Personengesellschaft erzielten Gewinne durch die Gesellschafter erfolgt im **Entstehungsjahr des Gewinns**. Grundsätzlich erfolgt die Besteuerung unabhängig davon, ob der Gewinn entnommen oder im Unternehmen belassen wird.

Auf **Antrag** des Steuerpflichtigen ist es möglich, den nicht entnommenen Gewinn mit einem **ermäßigten Tarifsteuersatz von 28,25 % zzgl. SolZ** zu versteuern. Bei einer späteren Ausschüttung erfolgt eine **Nachbelastung** auf Gesellschafterebene mit dem Nachversteuerungssatz von **25 % zzgl. SolZ**.

Mit § 34a EStG verfolgt der Gesetzgeber das Ziel, die Gewinneinkünfte von Einzelunternehmern und Personengesellschaften einerseits und Kapitalgesellschaften andererseits in vergleichbarer Weise zu belasten. Daher war man bestrebt, die zweistufige Besteuerung von Kapitalgesellschaften nachzubilden. Zudem erhöhen thesaurierter Gewinn und Steuerentlastung das Eigenkapital der Gesellschaft

Hinweis: *Bei Kapitalgesellschaften beträgt die Steuerlast für einbehaltene Gewinne idealtypisch 15 % KSt + (5,5 % × 15 % =) 0,825 % SolZ + (3,5 % × 400 % =) 14 % GewSt = 29,825 %. Bei einer Ausschüttung erfolgt dann beim Anteilseigner eine Besteuerung mit dem Abgeltungssteuersatz von 25 % + (5,5 % × 25 % =) 1,375 % SolZ = 26,375 %. Voraussetzung ist, dass die Anteile im Privatvermögen gehalten werden und keine Veranlagung beantragt wird.*

Gewinn vor Steuern

Lassen Sie uns im Fall 58 zunächst den Hinweis „Gewinn vor Steuern" präzisieren. Sowohl in der Handels- wie auch in der Steuerbilanz (Maßgeblichkeitsprinzip!) ist die Gewerbesteuerschuld zunächst als Aufwand bzw. Betriebsausgabe zu berücksichtigen. Sie mindert also zunächst innerhalb von Handels- und Steuerbilanz den Gewinn in Form von Gewerbesteuervorauszahlungen und einer möglichen Gewerbesteuerrückstellung. Nach

§ 4 Abs. 5b EStG gehört die Gewerbesteuer zu den nicht abzugsfähigen Betriebsausgaben, ist also zur Ermittlung des steuerpflichtigen Gewinns wieder hinzuzurechnen.

Hinweis: *Der Wortlaut des § 4 Abs. 5b EStG, nach dem die Gewerbesteuer „keine Betriebsausgabe" sei, ist insofern irreführend. Die Gewerbesteuer ist betrieblich veranlasst und damit Betriebsausgabe (in Handels- und Steuerbilanz), wird aber zur Berechnung des steuerpflichtigen Gewinns als „nicht abzugsfähige Betriebsausgabe" wieder hinzugerechnet.*

Der Hinweis „Gewinn vor Steuern" bedeutet im Fall 58 demnach:

Betriebseinnahmen	
./. Betriebsausgaben (inkl. GewSt 28.000 €)	
= Handelsbilanzgewinn = Steuerbilanzgewinn	172.000 €
+ GewSt	28.000 €
= Gewinn vor Steuern	200.000 €

Der „Gewinn vor Steuern" ist also, anders ausgedrückt, ein Gewinn, der die Gewerbesteuer (noch) nicht berücksichtigt hat. Im Fall 58 ist aufgrund der Aufgabenstellung weiter davon auszugehen, dass keine weiteren nicht abziehbaren Betriebsausgaben oder steuerfreien Einnahmen zu berücksichtigen sind. Damit entspricht der Gewinn vor Steuern dem steuerlichen Gesellschaftsgewinn (vgl. dazu Großübersicht 15).

Ertragsteuerberechnung

Die Steuerberechnung für den Gesellschafter A sieht dann wie folgt aus:

Gewinn vor Steuern	100.000 €
./. Gewerbesteuer 100.000 × 3,5 % × 400 % =	14.000 €
= Gewinn nach Gewerbesteuer (Steuerbilanzgewinn)	86.000 €
./. Einkommensteuer 100.000 × 42 % =	42.000 €
+ GewSt-Anrechnung (§ 35 EStG) 100.000 × 3,5 % × 380 % =	13.300 €
./. SolZ 5,5 % × (42.000 ./. 13.300) =	1.578 €
= Gewinn nach Steuern	55.722 €

Lektion 11: Ertragsbesteuerung ausgeschütteter und thesaurierter Gewinne 129

Die gesamte Steuerbelastung, die auf den A entfällt (Gewerbesteuer + Einkommensteuer ./. GewSt-Anrechnung + SolZ) beläuft sich damit auf 44.278 €.

Hinweis: *Die Anrechnung der Gewerbesteuer nach § 35 EStG erfolgt nicht in Höhe der tatsächlich gezahlten Gewerbesteuer sondern pauschaliert mit einem Hebesatz von 380 %.*

Thesaurierungsbesteuerung auf Antrag

Für den Gesellschafter B gilt grundsätzlich die gleiche Steuerberechnung. Da er seinen anteiligen Gewinn nicht entnehmen möchte, kann er jedoch auch (Wahlrecht) einen Antrag auf Tarifbegünstigung nach § 34a EStG stellen.

Dieser Antrag ist grundsätzlich bei Abgabe der Einkommensteuererklärung für jeden Mitunternehmeranteil gesondert zu stellen. Dabei kann der Steuerpflichtige für jeden Mitunternehmeranteil wählen, ob und in welcher Höhe er für den jeweils nicht entnommenen Gewinn die Tarifbegünstigung in Anspruch nehmen will. Der Antrag kann bis zur Höhe des nicht entnommenen Gewinns gestellt werden.

Der nicht entnommene Gewinn ist nach § 34a Abs. 2 EStG der Gewinn nach § 4 Abs. 1 Satz 1 EStG oder § 5 EStG, vermindert um den positiven Saldo der Entnahmen und Einlagen des Wirtschaftsjahres. In der Praxis ist es häufig anzutreffen, dass die Gewinnentnahme bereits im Gewinnentstehungsjahr durch laufende über das Jahr verteilte Entnahmen erfolgt, die der Unternehmer zur Bestreitung seines Lebensunterhalts benötigt.

Da die Begünstigung jedem einzelnen Mitunternehmer zusteht, ist auch der nicht entnommene Gewinn mitunternehmerbezogen zu ermitteln. Das bedeutet, dass der nicht entnommene Gewinn sowohl das anteilige Ergebnis aus der Gesellschaftsbilanz als auch das Ergebnis aus der Ergänzungs- und Sonderbilanz des jeweiligen Mitunternehmers umfasst.

Hinweis: *Erinnern Sie sich? Zum Betriebsvermögen einer Personengesellschaft gehören die Wirtschaftsgüter des Gesellschaftsvermögens und des Sonderbetriebsvermögens. Der steuerliche Gesamtgewinn der Personengesellschaft ist die Summe aus dem Ergebnis laut Gesellschaftsbilanz und dem Ergebnis eventueller Wertkorrekturen durch Ergänzungsbilanzen der Gesellschafter (= Steuerbilanz) sowie dem Ergebnis aus eventuell vorhandenen Sonderbilanzen der Gesellschafter.*

Übersicht 17: Nicht entnommener Gewinn i.S.v. § 34a Abs. 2 EStG

Anteiliger Gewinn laut Gesellschaftsbilanz

+/./. Ergebnis laut **Ergänzungsbilanz**

+/./. Ergebnis laut **Sonderbilanz**

= Ergebnis i.S.v. § 4 Abs. 1 Satz 1 EStG oder § 5 EStG

+ **Entnahmen** im Wirtschaftsjahr

./. **Einlagen** im Wirtschaftsjahr

= **begünstigter nicht entnommener Gewinn**

Im Fall 58 entspricht der begünstigte nicht entnommene Gewinn des B seinem anteiligen Gewinn laut Steuerbilanz. Die Steuerberechnung für den Gesellschafter B sieht dann wie folgt aus:

Gewinn vor Steuern	100.000 €
./. Gewerbesteuer 100.000 × 3,5 % × 400 % =	14.000 €
= Gewinn nach Gewerbesteuer (Steuerbilanzgewinn)	86.000 €
./. ESt auf den nicht entnommen Gewinn 86.000 × 28,25 =	24.295 €
./. ESt auf den nicht mehr entnahmefähigen Gewinn (GewSt) 14.000 × 42 % =	5.880 €
+ GewSt-Anrechnung (§ 35 EStG) 100.000 × 3,5 % × 380 % =	13.300 €
./. SolZ 5,5 % × (24.295 + 5.880 ./. 13.300) =	928 €
= Gewinn nach Steuern	68.197 €

Die gesamte Steuerbelastung für B beläuft sich damit zunächst auf 31.803 €.

Lektion 11: Ertragsbesteuerung ausgeschütteter und thesaurierter Gewinne

Hinweis: *Die Einkommensteuer auf den nicht mehr entnahmefähigen Gewinn (14.000 × 42 %) wird nachvollziehbar, wenn man sich vor Augen hält, dass der steuerpflichtige Gewinn 100.000 € beträgt (siehe dazu auch die Steuerberechnung für den Gesellschafter A) und die Einkommensteuer auf den nicht entnommenen Gewinn lediglich auf eine Bemessungsgrundlage von 86.000 € berechnet wurde.*

Nachversteuerung bei späterer Entnahme

Bei einer späteren Entnahme des begünstigt besteuerten Gewinns erfolgt eine Nachversteuerung des sog. **nachversteuerungspflichtigen Betrages**. Dieser Betrag wird aus dem Begünstigungsbetrag durch Abzug der auf den Begünstigungsbetrag entfallenden Steuerbelastung (ESt und SolZ) ermittelt.

In dem Fall 58 hat der Gesellschafter B über 86.000 € nicht entnommenen Gewinns die Tarifbegünstigung beansprucht. Der nachversteuerungspflichtige Betrag ermittelt sich wie folgt:

Begünstigungsbetrag	86.000 €
./. ESt (28,25 × 86.000)	24.295 €
./. SolZ (5,5 % × 24.295)	1.336 €
= nachversteuerungspflichtiger Betrag	60.369 €

Hinweis: *Laut BMF Schreiben vom 11.8.2008 ist der nachversteuerungspflichtige Betrag auf „Euro und Cent genau" zu ermitteln. Das ersparen wir uns hier.*

Der nachversteuerungspflichtige Betrag ist mit dem von der Höhe des Einkommens unabhängigen Tarifsteuersatz in Höhe von 25 % zzgl. SolZ zu versteuern:

Nachversteuerungspflichtiger Betrag	60.369 €
Tarifbelastung (25 % × 60.369)	15.092 €
+ SolZ (5,5 % × 15.092)	830 €
Nachsteuer (= Thesaurierungsbelastung)	15.922 €

Im Falle der Thesaurierung beträgt damit die Gesamtbelastung für Gesellschafter B: 31.803 € + 15.922 = 47.725 €.

Beachte: *Der nachzuversteuernde nicht entnommene Gewinn ist nicht nach § 35 EStG (pauschalierte Anrechnung der Gewerbesteuer) begünstigt (§ 34a Abs. 4 EStG).*

Belastungsvergleich

Die Inanspruchnahme des § 34a EStG führt also insgesamt zu einer höheren Steuerbelastung (47.725 € im Vergleich zu 44.278 €). Damit ist die Inanspruchnahme dieser Steuervergünstigung nur sinnvoll, wenn die Gewinne **längerfristig** im Unternehmen verbleiben und damit der **Liquiditätsvorteil** über einen größeren Zeitraum genutzt werden kann. Bei lediglich kurzfristigen Verschiebungen (z.B. Thesaurierung im Jahr 01 und Entnahme des Gewinns im Jahr 02) erscheint ein Antrag auf Anwendung des § 34a EStG kaum sinnvoll, da die bereits im Folgejahr entstehende höhere Steuerbelastung von dem kurzfristigen Liquiditätsvorteil regelmäßig nicht kompensiert werden kann.

> # Leitsatz 40
> ### Ertragssteuerbelastung der Personengesellschaften
>
> Die Ertragssteuerbelastung bei einer Personengesellschaft beginnt auf der Ebene der Gesellschaft mit der **Gewerbesteuer**. Auf der Ebene der Gesellschafter erfolgt die Besteuerung des jeweiligen Gewinnanteils mit **Einkommensteuer** (natürliche Personen) oder **Körperschaftsteuer** (juristische Personen).
>
> Auf der Gesellschafterebene besteht für natürliche Personen auf **Antrag** die Möglichkeit, den nicht entnommenen Gewinn einer **Thesaurierungsbesteuerung** zu unterwerfen. In diesem Falle beträgt die Einkommensteuerbelastung zunächst 28,25 % zzgl. SolZ. Bei Entnahme des Gewinns in den Folgejahren wird eine Nachsteuer von 25 % zzgl. SolZ fällig.

10.000 €- und 10%-Grenze

Fall 59

Unsere Gesellschafter A und B aus Fall 58 sind auch Gesellschafter der Briefmarken-OHG. A ist zu 90%, B ist nach der getroffenen Gewinnverteilungsabrede zu 10% am Gesellschaftsgewinn beteiligt. Der Steuerbilanzgewinn der Gesellschaft beträgt 200.000 €. Es sind nicht abzugsfähige Betriebsausgaben in Höhe von 30.000 € angefallen. Gesellschafter B hat in seiner Sonderbilanz aus der Vermietung eines Grundstücks an die Briefmarken-OHG einen Verlust von 12.000 € erzielt.

Haben beide Gesellschafter einen Anspruch auf die Begünstigung des nicht entnommenen Gewinns nach § 34a EStG?

Jeder einzelne Mitunternehmer kann nur dann einen Antrag stellen, wenn die Beteiligung am Gewinn (aus Gesellschafts-, Sonder- und Ergänzungsbilanz) **mehr als 10%** oder **mehr als 10.000 €** beträgt (§ 34a Abs. 1 Satz 3 EStG). Der vertraglichen Gewinnverteilungsabrede kommt keine Bedeutung zu. Einer einheitlichen Antragstellung aller Mitunternehmer einer Personengesellschaft bedarf es nicht.

Die Überprüfung dieser Grenzen für den Fall 59 fasst die nachfolgende Tabelle (in Euro) zusammen:

	Gesamt	A	B
Steuerbilanzgewinn	200.000	180.000	20.000
Sonderbilanz B	./.12.000	0	./. 12.000
Summe	188.000	180.000	8.000
Prozentsatz	100%	95,75%	4,25%
Begünstigungsanspruch		ja	nein

Der steuerliche Gesamtgewinn der Mitunternehmerschaft beträgt 188.000 € (200.000 € Gesellschaft ./. 12.000 € Sonderbilanz des B; die nicht abzugsfähigen Betriebsausgaben haben den Steuerbilanzgewinn der Gesellschaft (zutreffend) gemindert). Hieran ist B mit weniger als 10.000 € (20.000 € Gesellschaftsanteil ./. 12.000 € Sonderbilanz = 8.000 €) und nicht zu mehr als 10% (8/188 = 4,25%) beteiligt, so dass die Anwendung des § 34a EStG nur für A (Gewinnanteil 180.000 €) möglich ist.

Nicht abziehbare Betriebsausgaben

Fall 60

Gesellschafter G hat einen bilanziellen Gewinnanteil von 330.000 €. Dieser Gewinnanteil erhöht sich aufgrund außerbilanziell zuzurechnender nicht abzugsfähiger Betriebsausgaben i.H.v. 45.000 €. Im Laufe des Geschäftsjahres hat G Entnahmen i.H.v. 70.000 € getätigt. Einlagen leistete er i.H.v. 10.000 €.

Wie hoch ist a) der steuerpflichtige Gewinn b) der begünstigungsfähige Gewinn, der auf G entfällt?

Die nach § 3c Abs. 2, § 4 Abs. 4a, 5, 5b und § 4h EStG nicht abziehbaren Betriebsausgaben haben den Steuerbilanzgewinn der Gesellschaft (als Betriebsausgaben) gemindert. Daher sind sie bei der Ermittlung des steuerpflichtigen Gewinns außerbilanziell hinzuzurechnen. Soweit der steuerpflichtige Gewinn auf Betriebsausgabenabzugsverboten (d.h. den hinzugerechneten nicht abziehbaren Betriebsausgaben) beruht, kann keine Tarifbegünstigung nach § 34a EStG in Anspruch genommen werden.

Außerbilanzielle Gewinnzurechnungen dürfen also nicht in den begünstigungsfähigen Gewinn eingerechnet werden. Der Grund hierfür ist, dass sie (als Betriebsausgaben) verausgabt wurden und daher auch nicht entnommen werden können. Die nicht abziehbaren Betriebsausgaben erhöhen zwar den steuerpflichtigen Gewinn, nicht aber den begünstigungsfähigen Gewinn.

Im Fall 60 a) beträgt der steuerpflichtige Gewinn des G (bilanzieller Gewinnanteil 330.000 € + nicht abziehbare Betriebsausgaben 45.000 € =) 375.000 €.

Im Fall 60 b) beträgt der begünstigungsfähige Gewinn (in Euro):

Steuerbilanzgewinn der auf G entfällt	330.000 €
+ Entnahmen	70.000 €
./. Einlagen	10.000 €
= begünstigungsfähiger Gewinn	270.000 €

Gesellschafter G kann für einen Gewinn bis zu 270.000 € den begünstigten Steuersatz von 28,25% zzgl. SolZ in Anspruch nehmen. Der begünstigte Gewinn ist später mit 25% zzgl. SolZ auf der Gesellschafterebene nachzuversteuern.

Übersicht 18: Ertragsteuerbelastung der Personengesellschaften

Ebene der Personengesellschaft	
Betrieb	**Gewerbesteuer** 3,5% × Hebesatz (z.B. 400%) = 14%
Ebene der Gesellschafter	
Natürliche Person	**Einkommensteuer** **Regelbesteuerung**: Linear-progressiver Tarif von 0% bis 45% zzgl. SolZ mit pauschalierter Anrechnung der GewSt (3,5% × 380% = 13,3%) oder **Thesaurierungsbesteuerung**: 28,25% zzgl. SolZ mit pauschalierter Anrechnung der GewSt (3,5% × 380% = 13,3%) für thesaurierte Gewinne und spätere Nachversteuerung 25% zzgl. SolZ
Juristische Person	**Körperschaftsteuer** 15% zzgl. SolZ

Lektion 12: Besteuerung des gewerblichen Gewinns (Gewerbesteuer)

Gewerbesteuer als spezielle Ertragsteuer

Die Gewerbesteuer ist dadurch gekennzeichnet, dass sie nicht das gesamte Einkommen erfasst, sondern nur einen spezifischen Teil dieses Einkommens. Dieser Teil ist der (objektivierte) gewerbliche Gewinn. Die Gewerbesteuer ist daher eine spezielle Ertragsteuer. Sie wird für bestimmte Personen zusätzlich zur Einkommensteuer bzw. Körperschaftsteuer erhoben. Zu diesen Steuerarten bestehen mithin eine Konkurrenz hinsichtlich der Ertragsbesteuerung als auch zahlreiche Interdependenzen.

Anders als bei der Einkommensteuer ist die Personengesellschaft bei der Gewerbesteuer Steuerschuldner (§ 5 Abs. 1 Satz 3 GewStG), allerdings haften, im Unterschied zu Kapitalgesellschaften, die Gesellschafter für diese Steuerschulden. Keine Personengesellschaften in diesem Sinne sind bloße Innengesellschaften, wie stille Gesellschaften, die nicht nach außen auftreten. In diesen Fällen sind die Gesellschafter gesamtschuldnerisch Steuerschuldner der Gewerbesteuer.

Steuergegenstand der Gewerbesteuer ist der Gewerbebetrieb (Objektsteuer), soweit er im Inland betrieben wird (§ 2 Abs. 1 GewStG). Der Gewerbebetrieb wird als selbständiges Wirtschaftsobjekt betrachtet, dessen Ertragskraft der Gewerbesteuer unterworfen werden soll. Die objektbezogene Erfolgsgröße ist der Gewerbeertrag. Er bildet die Bemessungsgrundlage der Gewerbesteuer.

Leitsatz 41
Wesen der Gewerbesteuer

Die Gewerbesteuer ist eine **spezielle Ertragsteuer**, deren Steuergegenstand der Gewerbebetrieb ist. Bemessungsgrundlage ist die objektbezogene Erfolgsgröße **Gewerbeertrag**. Daher wird die Gewerbesteuer auch als **Objektsteuer** charakterisiert.

Beginn der Gewerbesteuerpflicht

Fall 61

A und B haben sich entschlossen, zur Herstellung und zum Vertrieb von Spezialmaschinen eine OHG zu gründen. Sie schließen am 2.1. einen Gesellschaftsvertrag ab, in dem sie alle Rechte und Pflichten niederlegen. Mit der Errichtung ihrer Fabrikationsstätte und der Anmietung von Büroräumen beginnen sie am 3.1. Die Eintragung in das Handelsregister erfolgt einen Monat später.

Wann entstehen für die Gesellschaft steuerliche Pflichten?

Eine Personenhandelsgesellschaft entsteht im Innenverhältnis durch den Abschluss des Gesellschaftsvertrages. Rechtswirkungen im Verhältnis zu Dritten (Außenverhältnis) treten ebenfalls mit dem Tag des Abschlusses des Gesellschaftsvertrages ein, da Personenhandelsgesellschaften sog. Formkaufleute (§ 6 HGB), d.h. Kaufmann kraft Rechtsform, sind. Die Eintragung in das Handelsregister ist insofern lediglich deklaratorisch.

Hinweis: *Deklaratorisch bedeutet rechtsbekundend, d.h. durch die Eintragung wird eine bereits rechtswirksame Tatsache im Handelsregister bekannt gemacht. Im Gegensatz dazu ist eine Eintragung konstitutiv (rechtsbegründend), wenn durch die Eintragung eine Tatsache erst rechtswirksam wird (z.B. Rechtsfähigkeit von Kapitalgesellschaften).*

Einkommensteuerrechtlich ist die Gründung einer Personenhandelsgesellschaft erfolgt, sobald sich die Gesellschafter zum geschäftlichen Zusammenschluss entschlossen haben und diesen Entschluss auch vollziehen. Damit sind die Aufnahme der Geschäftstätigkeiten sowie die Vorbereitungs- und Organisationstätigkeiten steuerbare Vorgänge.

Die Gewerbesteuerpflicht beginnt bei Personengesellschaften in dem Zeitpunkt indem erstmals alle Voraussetzungen erfüllt sind, die zur Annahme eines Gewerbebetriebs erforderlich sind. Unter Gewerbebetrieb ist ein gewerbliches Unternehmen i.S.d. Einkommensteuergesetzes zu verstehen (§ 2 Abs. 1 Satz 2 GewStG). Demnach beginnt die Gewerbesteuerpflicht bei Personengesellschaften in dem Zeitpunkt, in dem erstmals alle Voraussetzungen des § 15 Abs. 2 Satz 1 EStG erfüllt sind. Dort heißt es: „Eine selbstständige nachhaltige Betätigung, die mit der Absicht, Gewinn zu erzielen, unternommen wird und sich als Beteiligung am allgemeinen wirtschaftlichen Verkehr darstellt, ist Gewerbebetrieb, wenn die Betätigung weder als Ausübung von Land-und Forstwirtschaft noch als Ausübung eines freien Berufs noch als eine andere selbstständige Arbeit anzusehen ist."

Ein Gewerbebetrieb liegt also vor, wenn die folgenden Voraussetzungen erfüllt sind: Selbstständigkeit, Nachhaltigkeit, Gewinnerzielungsabsicht, Beteiligung am allgemeinen wirtschaftlichen Verkehr jedoch keine Land- und Forstwirtschaft, keine selbstständige Arbeit und durch die Rechtsprechung wurde noch ein weiteres Merkmal entwickelt, wonach die Tätigkeit keine private Vermögensverwaltung (z.B. Vermietung von Eigentumswohnungen, Anlage von Wertpapieren) darstellen darf (vgl. Übersicht 6).

Die Gewerbesteuerpflicht beginnt, anders als im Einkommensteuerrecht, erst bei Vorliegen aller oben genannten Voraussetzungen für einen Gewerbebetrieb.

Für den Fall 61 kann damit festgestellt werden, dass die OHG am 2.1. mit Unterzeichnung des Gesellschaftsvertrages sowohl im Innen- als auch im Außenverhältnis entstanden ist. Die spätere Eintragung in das Handelsregister hat lediglich deklaratorische Bedeutung. Einkommensteuerrechtlich erfolgt die Gründung der OHG bereits mit dem Beginn der Errichtung der Fabrikationsstätte und der Anmietung der Büroräume am 3.1.

Die Gewerbesteuerpflicht der OHG beginnt in dem Zeitpunkt, in dem erstmals alle Voraussetzungen des § 15 Abs. 2 Satz 1 EStG gegeben sind. Bloße Vorbereitungshandlungen (z.B. Anmietung von Geschäftsräumen oder Errichtung von Fabrikationsstätten) begründen die Gewerbesteuerpflicht noch nicht (Abschnitt 18 Abs. 1 GewStR). Vielmehr bedarf es erst dem Betriebszweck dienlicher Handlungen, wie z.B. Beschaffung, Produktion oder Vertrieb.

Basisgröße steuerlicher Gesamtgewinn der Gesellschaft

Fall 62

Die ABC-OHG ermittelt die Anteile am Gesamtgewinn der Gesellschaft für das Geschäftsjahr 01 wie folgt:

Lektion 12: Besteuerung des gewerblichen Gewinns (Gewerbesteuer)

	Gesamt-gewinn	A	B	C
Steuerbilanzgewinn = steuerlicher Gewinn der I. Stufe	250.000	25.000	112.500	112.500
+ Sonderbetriebsergebnisse (II. Stufe)	25.000	15.000	2.500	7.500
= Steuerlicher Gesamtgewinn/ Gewinnanteil	275.000	40.000	115.000	120.000

Wie hoch ist der Gewinn aus Gewerbebetrieb?

Bemessungsgrundlage der Gewerbesteuer ist der Gewerbeertrag. **Basisgröße** (Ausgangsgröße) bei der Berechnung des Gewerbeertrags ist der nach den einkommensteuerlichen Vorschriften ermittelte Gewinn aus Gewerbebetrieb. Mithin ist der steuerliche Gesamtgewinn der Personengesellschaft (kurz: steuerlicher Gewinn) maßgebend. Dieser umfasst neben dem steuerlichen Gesellschaftsgewinn auch die Ergänzungs- und Sonderbilanzergebnisse der Gesellschafter (vgl. Großübersicht 15). Somit gelten hier zunächst die Ausführungen über die laufende Besteuerung der Personengesellschaft mit Einkommensteuer.

Der nach den einkommensteuerlichen Vorschriften ermittelte Gesamtgewinn bringt aus gewerbesteuerlicher Sicht die Leistungsfähigkeit des Betriebes nur teilweise zum Ausdruck. Daher sind zur Bestimmung der Ertragskraft des Betriebes Korrekturen des steuerlichen Gesamtgewinns erforderlich, die in den gesetzlich normierten Hinzurechnungen (§ 8 GewStG) und Kürzungen (§ 9 GewStG) des Gewinns aus Gewerbebetrieb ihren Ausdruck finden.

Hinweis: *Durch Hinzurechnungen kann sich eine Gewerbesteuerlast ergeben, die nicht mehr aus den erzielten Gewinnen beglichen werden kann, so dass eine Substanzbesteuerung stattfindet.*

Im Fall 62 ist der steuerliche Gesamtgewinn i.H.v. 275.000 € die Basisgröße bei der Ermittlung des Gewerbeertrags als Bemessungsgrundlage für die Gewerbesteuer.

Gewerbesteuerliche Hinzurechnungen und Kürzungen

Fall 63

Die Bau-OHG hat im Geschäftsjahr 01 einen steuerlichen Gesamtgewinn von 500.000 € erwirtschaftet. Folgende Aufwendungen haben den Gewinn als Betriebsausgaben gemindert:

- Zinsen für einen Kontokorrentkredit (80.000 €),

- Zinsen für einen langfristigen Bankkredit (20.000 €),

- Ertragsanteil für eine Rentenzahlung (10.000 €),

- Leasingraten für diverse Baumaschinen (100.000 €),

- Miete für ein Grundstück (36.000 €),

- Lizenzgebühren für die Nutzung diverser Bildrechte (5.000 €).

Welche gewerbesteuerlichen Hinzurechnungen ergeben sich aus diesen Sachverhalten?

Kernstück der Hinzurechnungsvorschriften ist § 8 Nr. 1 GewStG. Diese Vorschrift betrifft Finanzierungsaufwendungen für die Nutzung von Geld- und Sachkapital. Mit dieser Hinzurechnung soll insbesondere die Nutzung von Eigen- und Fremdkapital gleichgestellt werden.

Derzeit sind insgesamt 12 Hinzurechnungstatbestände normiert und in der nachfolgenden Übersicht 19 zusammengefasst.

Übersicht 19: Gewerbesteuerliche Hinzurechnungen

Hinzurechnungstatbestände nach § 8 GewStG

Entgelte für **Schulden**	§ 8 Nr. 1 Buchst. a GewStG
+ **Renten** und dauernde **Lasten**	§ 8 Nr. 1 Buchst. b GewStG
+ **Gewinnanteile** stiller Gesellschafter	§ 8 Nr. 1 Buchst. c GewStG
+ 20% der **Miet- u. Pachtzinsen** f. **bewegliche** WG des Anlagevermögens	§ 8 Nr. 1 Buchst. d GewStG
+ 50% der **Miet- u. Pachtzinsen** f. **unbewegliche** WG des Anlagevermögens	§ 8 Nr. 1 Buchst. e GewStG
+ 25% der Aufwendungen für **befristete Rechteüberlassung**	§ 8 Nr. 1 Buchst. f GewStG
= Gesamtbetrag der Finanzierungsentgelte ./. **Freibetrag** 100.000 € = Summe × **Hinzurechnungsquote** 25% = Hinzurechnungsbetrag	
Gewinnanteile einer KGaA	§ 8 Nr. 4 GewStG
Streubesitzdividenden	§ 8 Nr. 5 GewStG
Anteile an **Verlusten** von **Personengesellschaften**	§ 8 Nr. 8 GewStG
Spenden nach § 9 Abs. 1 Nr. 2 KStG	§ 8 Nr. 9 GewStG
Ausschüttungsbedingte Gewinnminderungen	§ 8 Nr. 10 Buchst. a, b GewStG
Gem. § 34c EStG abgezogene **ausländische Steuern**	§ 8 Nr. 12 GewStG

Zur Ermittlung des Gewerbeertrags im Fall 63 sind diverse Hinzurechnungsbeträge gem. § 8 Nr. 1 GewStG zu berücksichtigen. Soweit die Summe dieser Hinzurechnungen den Betrag von 100.000 € (Freibetrag) nicht übersteigt, erfolgt keine Hinzurechnung. Soweit die Summe den Freibetrag übersteigt, beträgt die Hinzurechnung 25% (Hinzurechnungsquote) des übersteigenden Betrags:

	Zinsen (80.000 + 20.000 =)	100.000 €
+	Ertragsanteil Rente	10.000 €
+	Leasingraten bewegl. Wirtschaftsgüter (20% × 100.000 =)	20.000 €
+	Miete nicht bewegl. Wirtschaftsgüter (50% × 36.000 =)	18.000 €
+	Lizenzen (25% × 10.000 =)	2.500 €
=	Gesamtbetrag der Finanzierungsentgelte	150.500 €
./.	Freibetrag	100.000 €
=	Summe	50.500 €
×	Hinzurechnungsquote 25%	
=	Hinzurechnungsbetrag	12.625 €

Fall 64

Gesellschafter G ist an der AG-OHG mit einer Einlage von 250.000 € beteiligt. Die Einlage finanziert er mit einem Bankkredit für den er einen Zinssatz 6% p.a. zahlt. Zur Stärkung der Kapitalbasis hat er seiner OHG ein Darlehen i.H.v. 100.000 € „zugeschossen" (Zinssatz 8% p.a.).

Sind die Schuldzinsen für das zugeschossene Darlehen und die Schuldzinsen für die Einlagefinanzierung Hinzurechnungsentgelte gem. § 8 Nr. 1 Buchst. a GewStG?

Nach § 8 Halbsatz 1 GewStG werden dem Gewinn aus Gewerbebetrieb nur solche Beträge wieder hinzugerechnet, „soweit sie bei der Ermittlung des Gewinns abgesetzt worden sind". Wie wir oben festgestellt haben, ist der steuerliche Gesamtgewinn Basisgröße der Ermittlung des Gewerbeertrags. Dieser steuerliche Gesamtgewinn wird auch von Schuldzinsen (Sonderbetriebsausgaben) in der Sonderbilanz des Gesellschafters gemindert. Insofern sind solche Schuldzinsen nach § 8 Nr. 1 Buchst. a GewStG wieder hinzuzurechnen.

Anders ist das bei Darlehen der Gesellschafter an die Personengesellschaft. Die Schuldzinsen, die die Personengesellschaft an den Gesellschafter zahlt, sind bei der Personengesellschaft Betriebsausgabe und beim Gesellschafter Sonderbetriebseinnahme. Insofern haben die Zinsen den steuerlichen Gesamtgewinn nicht vermindert und sind folglich im Rahmen der Ermittlung des Gewerbertrags nicht hinzuzurechnen. Gleiches gilt auch für Darlehen der Personengesellschaft an ihre Gesellschafter. Die Zinsen sind in diesem Falle Betriebseinnahme bei der Personengesellschaft und Sonderbetriebsausgabe beim Gesellschafter.

Im Fall 64 gehört das Darlehen, das G zur Finanzierung seiner Einlage aufgenommen hat zum notwendigen Sonderbetriebsvermögen II, da es unmittelbar der Begründung der Beteiligung des G dient. Es ist daher in seiner Sonderbilanz zu passivieren. Die Schuldzinsen i.H.v. (250.000 × 6% =) 15.000 € sind Sonderbetriebsausgaben und führen zu einem Sonderbilanzverlust, der den steuerlichen Gesamtgewinn der OHG mindert. Bei der Ermittlung des Gewerbetrages sind die Schuldzinsen gem. § 8 Nr. 1 Buchst. a GewStG wieder hinzuzurechnen.

Das vom Gesellschafter zugeschossene Darlehen ist in der Handels- und Steuerbilanz der AG-OHG zu passivieren. Die Schuldzinsen i.H.v. (100.000 × 8% =) 8.000 € sind Betriebsausgaben (./. 8.000 €) und mindern den Handels- sowie den Steuerbilanzgewinn. Da das Darlehen unmittelbar für betriebliche Zwecke der OHG genutzt wird, ist es notwendiges Sonderbetriebsvermögen I des G. Daher ist das Darlehen in der Sonderbilanz des G zu aktivieren. Die Zinsen sind Sondervergütungen (+ 8.000 €) und werden in der Sonderbuchführung als Sonderbetriebseinnahmen erfasst. Der sich ergebende Sonderbilanzgewinn erhöht auf der zweiten Stufe der Gewinnermittlung den steuerlichen Gesamtgewinn wieder.

Im Ergebnis (./. 8.000 € + 8.000 € = 0 €) haben sich die Schuldzinsen aus dem Darlehen des Gesellschafters an die Personengesellschaft auf den steuerlichen Gesamtgewinn nicht ausgewirkt. Insofern hat eine Hinzurechnung wegen § 8 Halbsatz 1 GewStG (Hinzurechnung „soweit sie bei der Ermittlung des Gewinns abgesetzt worden sind") zu unterbleiben.

Fall 65
Die A-KG ist als Gesellschafterin mit 25% an der ABCD-OHG beteiligt. Die A-KG erzielt im Geschäftsjahr 01 (vor Berücksichtigung des

Beteiligungsertrages) einen steuerlichen Gesamtgewinn i.H.v. 200.000 €. Die ABCD-OHG erwirtschaftet in 01 einen steuerlichen Gesamtgewinn i.H.v. 100.000 €. Daran ist die A-KG mit einem Gewinnanteil i.H.v. 25.000 € beteiligt.

Wie hoch ist der Gewerbeertrag der ABCD-OHG und der A-KG?

Spezifisch für Beteiligungen an Personengesellschaften ist die Hinzurechnung von Verlusten aus Beteiligungen an anderen Betrieben gem. § 8 Nr. 8 GewStG und das Gegenstück zu dieser Hinzurechnung, nämlich die Kürzung der Gewinne aus anderen Betrieben gem. § 9 Nr. 2 GewStG (vgl. auch R 8.4 GewStR).

In dieser Regelung wird der Charakter der Gewerbesteuer als Objektsteuer deutlich. Im Gegensatz zur Einkommensteuer will die Gewerbesteuer nicht den Gewinn der Person, sondern den Ertrag des Betriebes besteuern. Demnach müssen Verluste (anderer Betriebe), die den steuerlichen Gewinn geschmälert haben und Gewinne (anderer Betriebe), die den steuerlichen Gewinn erhöht haben, wieder hinzugerechnet bzw. gekürzt werden.

Zudem verhindern diese Vorschriften, dass Gewinne und Verluste aufgrund der selbständigen Gewerbesteuerpflicht gewerblicher Personengesellschaften anteilig zweifach erfasst werden. Mithin wird eine Doppelbesteuerung gewerblicher Gewinne verhindert.

Im Fall 65 beträgt der steuerliche Gesamtgewinn der ABCD-OHG (sog. Untergesellschaft) 100.000 €. Hinzurechnung und Kürzungen sind aus dem Sachverhalt nicht ersichtlich. Insofern beträgt auch der Gewerbeertrag 100.000 €. Der steuerliche Gesamtgewinn der A-KG (sog. Obergesellschaft) beträgt einschließlich des Beteiligungsertrages aus der OHG (200.000 + 25.000 =) 225.000 €. Gem. § 9 Abs. 2 GewStG ist der steuerliche Gewinn zur Ermittlung des Gewerbeertrags um 25.000 € zu kürzen, so dass der Gewerbeertrag der A-KG (225.000 ./. 25.000 =) 200.000 € beträgt.

Mit der Kürzungsvorschrift des § 9 Abs. 2 GewStG wird also erreicht, dass bei der A-KG (ebenso wie bei der ABCD-OHG) nur ihr originärer betrieblicher Gewinn der Gewerbesteuer unterliegt. Ohne die Kürzung käme es zu einer Doppelbesteuerung des Beteiligungsertrages.

Lektion 12: Besteuerung des gewerblichen Gewinns (Gewerbesteuer)

Hinweis: *Bei der Einkommensteuer und der Körperschaftsteuer ist eine Doppelbesteuerung ausgeschlossen, da der steuerliche Gewinn nur bei der Obergesellschaft der Besteuerung unterliegt.*

Weitere gewerbesteuerliche Kürzungstatbestände sind in der nachfolgenden Übersicht 20 zusammengefasst.

Übersicht 20: Gewerbesteuerliche Kürzungen

Kürzungstatbestände nach § 9 GewStG	
Kürzung für den Grundbesitz und für Grundbesitzunternehmen	§ 9 Nr. 1 GewStG
Gewinnanteile von Personengesellschaften	§ 9 Nr. 2 GewStG
Erträge aus inländischen Schachtelbeteiligungen	§ 9 Nr. 2a GewStG
Gewinne aus Komplementär-Anteilen einer KGaA	§ 9 Nr. 2b GewStG
Gewinne aus ausländischen Betriebsstätten	§ 9 Nr. 3 GewStG
Spenden	§ 9 Nr. 5 GewStG
Gewinne aus Schachtelbeteiligungen an aktiv tätigen Auslandsgesellschaften und EU-Gesellschaften	§ 9 Nr. 7 GewStG
Gewinne aus Beteiligungen an Auslandsgesellschaften bei Bestehen eines DBA	§ 9 Nr. 8 GewStG

Leitsatz 42

Ermittlung des Gewerbeertrags

Bemessungsgrundlage der Gewerbesteuer ist der Gewerbeertrag. Basisgröße für die Ermittlung des Gewerbeertrags ist der nach einkommensteuerlichen Vorschriften ermittelte **steuerliche Gesamtgewinn** der Personengesellschaft. Dieser steuerliche Gesamtgewinn wird um bestimmte Beträge

- erhöht (**Hinzurechnungen** § 8 GewStG) und
- gekürzt (**Kürzungen** § 9 GewStG).

Ergebnis ist der **Gewerbeertrag**, mit dem die objektive Ertragskraft des Betriebs erfasst und der Besteuerung unterworfen werden soll.

Ermittlung der Gewerbesteuer

Fall 66

Die Z-KG hat ihren Sitz in der Gemeinde Mittenwald (Landkreis Garmisch-Partenkirchen). Der Hebesatz beträgt dort 350 %. Nach Berücksichtigung von Hinzurechnungen und Kürzungen beträgt der Gewerbeertrag für das abgelaufene Geschäftsjahr 124.556 €.

Wie hoch ist die Gewerbesteuerschuld der Z-KG?

Da die Gewerbesteuer eine Gemeindesteuer ist, obliegt den Gemeinden das Recht, auf die Höhe der Gewerbesteuer Einfluss zu nehmen. Dies geschieht durch Festlegung eines gemeindlich festgesetzten Hebesatzes i.H.v. mindestens 200 % (§ 16 GewStG). Der Hebesatz wird auf den Steuermessbetrag angewendet. Dieser beträgt 3,5 % des auf volle 100 abgerundeten Gewerbeertrags. Bei Personengesellschaften ist der Gewerbeertrag um einen Freibetrag i.H.v. 24.500 € (höchstens jedoch in Höhe des abgerundeten Gewerbeertrags) zu kürzen (§ 11 GewStG).

Für den Fall 66 errechnet sich die Gewerbesteuerschuld der Z-KG wie folgt (in Euro):

Lektion 12: Besteuerung des gewerblichen Gewinns (Gewerbesteuer)

Gewerbeertrag vor Abrundung	124.556 €
Abrundung auf volle 100	124.500 €
./. Freibetrag für Personengesellschaften	24.500 €
= maßgebender Gewerbeertrag	100.000 €
× Steuermesszahl 3,5 %	
= Steuermessbetrag	3.500 €
× Hebesatz 350 %	
= Gewerbesteuerschuld	12.250 €

Hinweis: *Für Fälle, in denen der Hebesatz unter dem der pauschalierten Anrechnung der Gewerbesteuer nach § 35 EStG (380 %) liegt, wie also z.B. bei der Gemeinde Mittenwald, werden ungerechtfertigte Begünstigungen bei geringeren Hebesätzen durch die Begrenzung der Anrechnung auf die tatsächlich gezahlte Gewerbesteuer verhindert (§ 35 Abs. 1 Satz 5 EStG).*

Leitsatz 43

Ermittlung der Gewerbesteuerschuld

Zur Ermittlung der Gewerbesteuerschuld wird der **maßgebende Gewerbeertrag** (nach Abrundung und Freibetrag) mit der **Steuermesszahl** (3,5 %) und dem **Hebesatz** der Gemeinde (z.B. 400 %) multipliziert.

Zur Vertiefung der hier nur kurz besprochenen Gewerbesteuer wird auf das Buch der BLAUEN SERIE „Gewerbesteuer – *leicht gemacht*®" verwiesen.

IV. Sonderfragen

Lektion 13: Verluste des Kommanditisten (§ 15a EStG)

Grundproblematik und Regelungsinhalt

Mit der Einführung von § 15a EStG wollte der Gesetzgeber die steuerlichen Vorteile aus sog. Verlustzuweisungsgesellschaften der 1970er Jahre einschränken. Die planmäßige Schaffung von Verlusten und deren Verrechnung mit anderen positiven Einkünften bei den beschränkt haftenden Kommanditisten hatte sich zu einem weit verbreiteten Steuersparmodell entwickelt.

Durch § 15a EStG, der nicht nur Verlustzuweisungsgesellschaften betrifft, wird die Verrechnung von Verlusten mit anderen positiven Einkünften auf den Betrag der Einlage beschränkt. Verluste die darüber hinausgehen, werden dem Kommanditisten zwar zugerechnet, dürfen aber nicht

▶ mit anderen Einkünften aus Gewerbebetrieb (horizontaler Verlustausgleich) oder Einkünften aus anderen Einkunftsarten (vertikaler Verlustausgleich) ausgeglichen werden oder

▶ nach § 10d EStG in andere Veranlagungszeiträume vor- oder zurückgetragen (Verlustabzug) werden.

Diese Verluste können lediglich in den späteren Jahren mit positiven Einkünften aus derselben Beteiligung verrechnet werden.

In der Gesetzesbegründung wird darauf hingewiesen, dass Verluste den Kommanditisten im Jahr ihrer Entstehung nur bis zur Höhe seiner im Handelsregister eingetragenen Haftsumme belasten. Darüber hinausgehende Verluste belasten den Kommanditisten im Jahr der Verlustentstehung jedoch weder rechtlich noch wirtschaftlich. Zu einer Belastung kommt es erst, wenn später Gewinne entstehen und diese zum Ausgleich des negativen Kapitalkontos verwendet werden (BR-Drucksache 511/79). Mit § 15a EStG wird das steuerliche Wirksamwerden dieser über die

Haftsumme hinausgehenden Verluste bis zu diesem Zeitpunkt hinausgeschoben (sog. „aufgeschobener Verlustausgleich").

Haftung des Kommanditisten

Das Hauptmerkmal der Kommanditgesellschaft (KG) ist das Nebeneinander zweier Gesellschaftertypen. Einerseits gleicht die Rechtsstellung der Komplementäre grundsätzlich der von OHG-Gesellschaftern, die gekennzeichnet ist durch eine unbeschränkte Haftung für die Schulden der Gesellschaft. Hiervon weicht die Rechtsstellung der Kommanditisten wesentlich ab. So ist im Außenverhältnis die Haftung der Kommanditisten auf die im Handelsregister eingetragene Haftsumme beschränkt. Gleichwohl können den Kommanditisten im Innenverhältnis laufende Verluste der Gesellschaft zugewiesen werden, auch mit der Folge, dass ein negativer Kapitalanteil entsteht.

Fall 67

C ist als Kommanditist der ABC-KG im Handelsregister mit 100.000 € eingetragen. Nach dem Gesellschaftsvertrag soll er ein Grundstück mit einem Verkehrswert von 100.000 € und einen Geldbetrag von 50.000 € einbringen. C hat bisher lediglich 25.000 € auf das Konto der ABC-KG überwiesen.

Wie hoch sind Haftsumme, Pflichteinlage und (tatsächlich erbrachte) Einlage? In welcher Höhe haftet der Kommanditist C gegenüber den Gesellschaftsgläubigern?

Beginnen wir gleich mit einer Übersicht.

Übersicht 21: Haftsumme, Pflichteinlage, geleistete Einlage

▶ Die **Haftsumme** ist der im Handelsregister eingetragene Betrag, bis zu dem der Kommanditist (im Außenverhältnis) den Gläubigern der Gesellschaft unmittelbar haftet, solange er den Betrag noch nicht in die KG eingebracht hat. Die Haftung ist ausgeschlossen, soweit die Haftsumme in das Gesellschaftsvermögen geleistet wurde (§ 171 Abs. 1 HGB).

- Die **Pflichteinlage** (= „bedungene Einlage" i.S.d. § 169 Abs. 1 Satz 2 HGB) ist der Betrag, den der Kommanditist nach dem Gesellschaftsvertrag (im Innenverhältnis) zu erbringen hat. Haftsumme und Pflichteinlage sind regelmäßig gleich hoch, können aber auch voneinander abweichen.

- Die **geleistete Einlage** ist der Betrag, den der Kommanditist tatsächlich erbracht hat. Sie mindert die Haftung des Kommanditisten im Außenverhältnis.

Im Fall 67 beträgt also die im Handelsregister eingetragener Haftsumme 100.000 €. Da die tatsächlich geleistete Einlage lediglich 25.000 € beträgt, haftet der Kommanditist C gegenüber den Gesellschaftsgläubigern noch unmittelbar in Höhe von 75.000 €. Die Pflichteinlage des Kommanditisten C beträgt aufgrund der gesellschaftsvertraglichen Vereinbarungen (100.000 + 50.000 =) 150.000 €, ist also ausnahmsweise mal höher. Für diesen erhöhten Betrag haftet C nicht gegenüber den Gesellschaftsgläubigern.

Leitsatz 44

Haftung des Kommanditisten

Der Kommanditist haftet im Außenverhältnis für Schulden der KG grundsätzlich nur bis zur Höhe seiner im Handelsregister eingetragenen **Haftsumme**, unabhängig von der Höhe der **Pflichteinlage** (auch: „bedungene Einlage"), zu der er sich im Innenverhältnis gegenüber der KG und den anderen Gesellschaftern vertraglich verpflichtet hat.

Die Haftung ist ausgeschlossen, soweit der Kommanditist eine Einlage tatsächlich geleistet (**geleistete Einlage**) und nicht wieder zurückerhalten hat.

Anteil am Verlust und Kapitalkonto

 **Fall 68**

Kommanditist B der ABC-KG aus Fall 67 hat seine Pflichteinlage, die seiner Haftsumme entspricht, in voller Höhe von 100.000 € eingezahlt. Der auf ihn im Geschäftsjahr 01 aufgrund von Anlaufverlusten entfallende handelsrechtliche Verlustanteil beträgt 120.000 €. Von den nicht abziehbaren Betriebsausgaben entfallen 10.000 € anteilig auf den Kommanditisten B.

Wie hoch ist der Anteil am Verlust der KG der dem Kommanditisten B zuzurechnen ist? Welchen Stand hat das Kapitalkonto des Kommanditisten B am 31.12.01?

Der Anteil am Verlust der KG (auch kurz: „Verlustanteil") ist der Betrag der u.U. nicht ausgleichs- bzw. abzugsfähig ist, sondern nur nach § 15a Abs. 2 Satz 1 EStG verrechenbar ist. Der Verlustanteil ist das auf der ersten Stufe der Gewinnermittlung ermittelte (negative) steuerliche Ergebnis des Kommanditisten gem. § 15 Abs. 1 Nr. 2 Satz 1 Halbsatz 1 EStG (= Verlustanteil aus dem Gesellschaftsvermögen!).

Das Kapitalkonto i.S.v. § 15a EStG ist nach ständiger Rechtsprechung des BFH nicht das in der Gesamtbilanz (einschließlich Sonderbilanzkapital) ausgewiesene Kapitalkonto eines Gesellschafters, sondern nur das in der Steuerbilanz der KG einschließlich dem Mehr- oder Minderkapital aus der für einen Gesellschafter geführten Ergänzungsbilanz (vgl. Großübersicht 15).

Für den Fall 68 ist damit Ausgangspunkt der Ermittlung des Verlustanteils des Kommanditisten B der ihm zuzurechnende handelsrechtliche Verlustanteil von 120.000 €. Hinzuzurechnen sind die nicht abziehbaren Betriebsausgaben i.H.v. 10.000 €. Damit beträgt der dem Kommanditisten B zuzurechnende steuerliche Verlustanteil aus dem Gesellschaftsvermögen (./. 120.000 + 10.000 =) 110.000 €. Die nicht abziehbaren Betriebsausgaben vermindern also das Verlustausgleichsvolumen des B.

Leitsatz 45

Anteil am Verlust

Der nach § 15a EStG maßgebende Verlust ist der auf der ersten Stufe der steuerlichen Gewinnermittlung ermittelte **Verlustanteil aus dem Gesellschaftsvermögen** des Kommanditisten. Der Verlustanteil ist insbesondere durch die Hinzurechnung nicht abziehbarer Betriebsausgaben gemindert und berücksichtigt das Ergebnis einer etwaigen Ergänzungsbilanz.

Der handelsrechtliche Verlust (hier: Handelsbilanz = Steuerbilanz) i.H.v. 120.000 € mindert im Fall 68 das Kapitalkonto des B, so dass sein Kapitalkonto in der Steuerbilanz der KG am Bilanzstichtag 31.12.01 einen Stand von (100.000 ./. 120.000 =) ./. 20.000 € hat. Da für den B keine Ergänzungsbilanz geführt wird, sind keine Korrekturen erforderlich.

> ## Leitsatz 46
>
> **Kapitalkonto i.S.d. § 15a EStG**
>
> Kapitalkonto i.S.d. § 15a EStG ist grundsätzlich das Kapitalkonto des Kommanditisten in der **Steuerbilanz** der KG einschließlich dem Mehr- oder Minderkapital aus einer eventuell für den Kommanditisten geführten **Ergänzungsbilanz**.

Damit ist der dem Kommanditisten B zuzurechnende steuerliche Verlustanteil aus dem Gesellschaftsvermögen i.H.v. (110.000 ./. 20.000) = 90.000 € mit anderen Einkünften des B ausgleichs- bzw. abzugsfähig. I.H.v. 20.000 € ist ein negatives Kapitalkonto entstanden und damit ein verrechenbarer Verlust gesondert festzustellen. Dazu gleich mehr!

Beachte: Zur Vereinfachung wird in den folgenden Fällen immer davon ausgegangen, dass der handels- und steuerbilanzielle Verlustanteil dem steuerlichen Verlustanteil aus dem Gesamthandsvermögen auf der ersten Gewinnermittlungsstufe (§ 15 Abs. 1 Nr. 1 Satz 1 Halbsatz 1 EStG) entspricht. Mithin kann einheitlich der Begriff „Verlustanteil" verwendet werden. Gleiches soll auch für den Begriff „Gewinnanteil" gelten.

Entstehung eines verrechenbaren Verlusts

Fall 69

Kommanditist K hat sich an der neu gegründeten Röhren-GmbH & Co. KG beteiligt. Seine Pflichteinlage (= Hafteinlage) in Höhe von 10.000 € hat er bereits erbracht. Das erste Geschäftsjahr 01 ist mit Anlaufverlusten belastet, so dass auf ihn ein Verlustanteil in Höhe von 15.000 € entfällt. Im zweiten Geschäftsjahr 02 erhält er einen Gewinnanteil von 21.000 €.

Wie hoch ist der ausgleichs- bzw. abzugsfähige Verlust 01? Wie hoch ist der gesondert festzustellende verrechenbare Verlust?

Nach § 15a Abs. 1 Satz 1 EStG darf der einem Kommanditisten zuzurechnende steuerliche Verlust nicht mit anderen Einkünften ausgeglichen (kein Verlustausgleich) oder nach § 10d EStG in andere Veranlagungszeiträume rück- bzw. vorgetragen werden (kein Verlustabzug), soweit ein negatives Kapitalkonto entsteht oder sich erhöht. Soweit der steuerliche Verlust nicht ausgeglichen oder abgezogen werden darf, mindert er die Gewinne, die dem Kommanditisten in späteren Wirtschaftsjahren aus seiner Beteiligung an der KG zuzurechnen sind (§ 15a Abs. 2 Satz 1 EStG, sog. „innerbetrieblicher Verlustvortrag").

Im Fall 69 entsteht bei dem Kommanditisten K im ersten Jahr ein negatives Kapitalkonto i.S.d. § 15a EStG in Höhe von (Einlage 10.000 € ./. Verlustanteil 15.000 € =) 5.000 €. Insoweit kann der Verlust nicht mit anderen positiven Einkünften verrechnet werden. Dieser weder ausgleichs- noch abzugsfähige Verlust (sog. verrechenbarer Verlust) ist gesondert festzustellen (§ 15a Abs. 4 Satz 1 EStG) und mit künftigen Gewinnen aus derselben Beteiligung zu verrechnen. Im zweiten Jahr kann demnach der festgestellte verrechenbare Verlust i.H.v. 5.000 € vom steuerlichen Gewinnanteil i.H.v. 21.000 € abgezogen werden, so dass Kommanditist K aus seiner Beteiligung nur einen Gewinnanteil i.H.v. 16.000 € zu versteuern hat.

Leitsatz 47

Grundsätzliche Wirkung des § 15a EStG

Der einem Kommanditisten (auf der ersten Stufe der Gewinnermittlung) zuzurechnende Verlustanteil aus dem Gesellschaftsvermögen **darf nicht** mit anderen Einkünften ausgeglichen oder nach § 10d EStG in andere Veranlagungszeiträume rück- oder vorgetragen werden, **soweit** ein negatives Kapitalkonto entsteht oder sich erhöht.

Kurz: **Kein Verlustausgleich oder Verlustabzug**, soweit ein **negatives Kapitalkonto** entsteht oder sich erhöht!

Wichtig: § 15a EStG zieht lediglich rechtliche Folgerungen. Das buchmäßige Kapital in der Bilanz wird nicht verändert. So lässt sich aus der Bilanz allein nicht erkennen, ob entstandene Verluste aufgrund von § 15a EStG beim Gesellschafter nicht oder nur zum Teil ausgeglichen bzw. abgezogen werden können.

Hinweis: *Haben Sie auf die bisher gewählten Begrifflichkeiten geachtet? „Ausgeglichen" steht immer für den Verlustausgleich gem. § 2 Abs. 3 EStG. Der Verlustausgleich umfasst sowohl den sog. „horizontalen Verlustausgleich" auf der Ebene einer Einkunftsart mit mehreren Einkunftsquellen (z.B. drei Gewerbebetriebe) als auch den sog. „vertikalen Verlustausgleich" bei dem Verluste einer Einkunftsart mit positiven Einkünften einer anderen Einkunftsart ausgeglichen werden. „Abgezogen" steht für den Verlustabzug nach § 10d EStG. Wenn die Summe der Einkünfte nach einem Verlustausgleich immer noch negativ ist, sind diese Verluste nach § 10d EStG in andere Veranlagungszeiträume rück- bzw. vorzutragen. Insofern wird deutlich, dass es bei Erläuterungen im Zusammenhang mit § 15a EStG immer heißen muss, dass entstandene Verluste u.U. nicht oder nur zum Teil „ausgeglichen bzw. abgezogen" werden können. In der Literatur wird häufig kürzer und damit etwas vereinfachend nur von „ausgeglichen" gesprochen, gemeint ist jedoch stets „ausgeglichen bzw. abgezogen".*

Auswirkung von Einlagen

Fall 70

Wie Fall 69 mit der Abwandlung, dass auf den Kommanditisten K im Jahr 02 ein Verlustanteil i.H.v. 12.000 € entfällt. Gleichzeitig hat er in diesem Jahr 17.000 € aus seinem Privatvermögen in die Gesellschaft eingelegt.

Unterliegt der Verlustanteil aus dem Jahr 02 der Begrenzung nach §15a EStG?

Nach § 15a Abs. 1 Satz 1 EStG ist ein Verlust dann nicht ausgleichs-bzw. abzugsfähig, soweit ein negatives Kapitalkonto entsteht oder sich erhöht.

Das Kapitalkonto des Kommanditisten K hat sich in Fall 70 wie folgt entwickelt (in Euro):

31.12.01	./. 5.000
Einlage 02	17.000
Verlust 02	./. 12.000
31.12.02	0

Im Verlustentstehungsjahr 02 ist weder ein negatives Kapitalkonto entstanden, noch hat es sich erhöht. Der Verlust in Höhe von 12.000 € kann ohne Einschränkung mit anderen positiven Einkünften des Kommanditisten K verrechnet werden. D.h. Einlagen bewirken, dass bis zu ihrer Höhe ein in demselben Jahr entstandener Verlust trotz des negativen Kapitalkontos ausgleichs- bzw. abzugsfähig ist (BFH vom 14.12.1995 IV R 106/94).

Für das Jahr 01 ändert sich nichts. Die Einlage in 02 führt nicht dazu, dass der zum 31.12.01 festgestellte verrechenbare Verlust nunmehr ausgleichs bzw. abzugsfähig wird. Die zeitliche Reihenfolge von Einlageleistung und Verlustentstehung ist also von Bedeutung für das Verlustausgleichspotenzial. Der zum 31.12.01 festgestellte verrechenbare Verlust i.H.v. 5.000 € bleibt so lange erhalten, bis ein Gewinn entsteht. Eine zeitliche Beschränkung für die Verrechnungsmöglichkeit besteht nicht.

Erweiterter Verlustausgleich durch Außenhaftung

Fall 71

Kommanditist L der neu gegründeten Röhren-GmbH & Co. KG hat entgegen dem Gesellschaftsvertrag auf seine Pflichteinlage (= Haftsumme) in Höhe von 10.000 € erst 3.000 € eingezahlt. Im Jahr 01 wird auch ihm ein steuerlicher Verlustanteil in Höhe von 15.000 € zugerechnet.

In welcher Höhe ist der Verlust im Jahr 01 ausgleichs- bzw. abzugsfähig? Wie hoch ist der verrechenbare Verlust?

Kommanditisten können nach § 15a Abs. 1 Satz 2 EStG auch steuerliche Verlustanteile ausgleichen bzw. abziehen, soweit die im Handelsregister eingetragene Einlage (Haftsumme) die tatsächlich geleistete Einlage übersteigt. Diese Regelung entspricht insofern dem Grundgedanken des § 15a EStG, als dass aufgrund der überschießenden Außenhaftung (§ 171 Abs. 1 HGB) der Gesellschafter wirtschaftlich belastet wird, mithin ein Unternehmerrisiko trägt.

Weitere Voraussetzungen für diesen erweiterten Verlustausgleich sind, dass (§ 15a Abs. 1 Satz 3 EStG)

▶ der Gesellschafter im Handelsregister eingetragen ist,

▶ das Bestehen der Haftung nachgewiesen wird,

▶ eine Vermögensminderung auf Grund der Haftung nicht durch Vertrag ausgeschlossen oder nach Art und Weise des Geschäftsbetriebs unwahrscheinlich ist.

Der Nachweis der ersten beiden Voraussetzungen dürfte in der Praxis keine Schwierigkeiten bereiten. Problematischer ist die dritte Voraussetzung, da sie eine Beurteilung der Wahrscheinlichkeit einer zukünftigen Vermögensminderung aufgrund der Haftung erfordert.

Im Fall 71 hat das Kapitalkonto des Kommanditisten L nach der Verlustverrechnung einen Stand von (geleistete Einlage 3.000 € ./. Verlustanteil 15.000 € =) ./. 12.000 €. Insoweit entsteht durch den Verlustanteil ein negatives Kapitalkonto. Ohne die Regelung des § 15a Abs. 1 Satz 2 EStG wären 3.000 € im Jahr 01 ausgleichs- bzw. abzugsfähig und ein verrechenbarer Verlust in Höhe von 12.000 € festzustellen.

Aufgrund der überschießenden Außenhaftung greift jedoch die Regelung des § 15a Abs. 1 Satz 2 EStG. Soweit Kommanditist L für Schulden der Gesellschaft haftet, sind Verlustanteile auch dann ausgleichs- bzw. abzugsfähig, wenn durch sie ein negatives Kapitalkonto entsteht oder sich erhöht. Da Kommanditist L noch mit (Haftsumme 10.000 € ./. geleistete Einlage 3.000 € =) 7.000 € haftet, sind insgesamt Verlustanteile in Höhe von 10.000 € ausgleichs- bzw. abzugsfähig. 5.000 € sind als verrechenbarer Verlust festzustellen.

Die nachfolgende Tabelle fasst das Ergebnis noch einmal zusammen (in Euro):

steuerlicher Verlust 01	15.000
ausgleichs- bzw. abzugsfähig aufgrund **Kapitalkonto**	3.000
ausgleichs- bzw. abzugsfähig aufgrund **Außenhaftung**	7.000
verrechenbarer Verlust	5.000

Zusammenfassend kann man feststellen: Das Volumen des Verlustausgleichs bzw. Verlustabzugs ist immer der höhere Betrag. Ist die Einlage höher als die Haftsumme, ist die Einlage maßgebend (§ 15a Abs. 1 Satz 1 EStG). Ist die Haftsumme höher als die Einlage, ist diese maßgebend (§ 15a Abs. 1 Satz 1 und 2 EStG).

Fall 72

Nehmen wir einmal an, dass unserem Kommanditisten L aus dem Fall 71 im Jahr 02 wiederum ein Verlustanteil von 15.000 € zugerechnet wird.

In welcher Höhe ist der Verlustanteil im Jahr 02 ausgleichs- bzw. abzugsfähig? Wie hoch ist der verrechenbare Verlust?

Genau wie das positive steuerliche Kapitalkonto kann auch der erweiterte Verlustausgleich nur einmal Maßstab für den Verlustausgleich sein. Die Erweiterung des Verlustausgleichs kann also nicht mehrmalig hintereinander genutzt werden (BFH vom 26.8.1993 IV R 112/91).

Obwohl Kommanditist L im Fall 72 auch weiterhin mit 7.000 € haftet, ist sein Verlustanteil i.H.v. 15.000 € in voller Höhe lediglich verrechenbarer Verlust, da die überschießenden Außenhaftung bereits im Vorjahr in Anspruch genommen wurde. Merke: Die Erweiterung des Verlustausgleichs kann nicht mehrmalig hintereinander genutzt werden.

Fall 73

Wie Fall 72 mit der Abwandlung, dass unser Kommanditist L im Jahr 02 den Rest seiner Pflichteinlage i.H.v. 7.000 € leistet.

Welche Folgerungen ergeben sich aus der Einlage?

Normalerweise schaffen Einlagen neues Verlustausgleichsvolumen. Das haben wir in Fall 70 gesehen. Dort bewirkte die Einlage, dass bis zu ihrer Höhe ein in demselben Jahr entstandener Verlustanteil trotz des negativen Kapitalkontos ausgleichs- bzw. abzugsfähig war.

Diese Verlustausgleichsmöglichkeit besteht jedoch grundsätzlich nicht, wenn ein Kommanditist mit einer überschießenden Außenhaftung Verlusteanteile ausgeglichen hat und danach Einlagen bis zur Höhe dieser überschießenden Außenhaftung tätigt. Durch eine solche haftungsbeendende Einlage entsteht kein Ausgleichsvolumen für neue steuerliche

Verluste. Der steuerliche Verlust eines Vorjahres, der aufgrund der Außenhaftung ausgleichsfähig war, wird durch die haftungsbeendende Einlage ausgleichsfähig aufgrund des Kapitalkontos. Gedanklich wird der steuerliche Verlust damit umgeschichtet.

Im Fall 73 gleicht Kommanditist L durch seine Einlage i.H.v. 7.000 € lediglich die höhere Außenhaftung aus. Dieses Verlustausgleichsvolumen hat er nach § 15a Abs. 1 Satz 2 EStG schon im Jahr 01 in Anspruch genommen. Eine weitere Inanspruchnahme ist daher nicht möglich. Gedanklich wird der aufgrund Außenhaftung ausgleichsfähige steuerliche Verlustanteil aus dem Jahr 01 nachträglich in einem aufgrund des Kapitalkontos ausgleichsfähigen steuerlichen Verlustanteil umgewandelt. Der im Jahr 02 zuzurechnende Verlustanteil i.H.v. 15.000 € ist daher (wie in Fall 72) lediglich verrechenbarer steuerlicher Verlust.

Sonderbilanzen und Ergänzungsbilanzen

Fall 74

Unser Kommanditist L aus den vorangegangenen Fällen hat ein ihm gehörendes Grundstück an die Röhren-GmbH & Co. KG vermietet und als Sonderbetriebsvermögen mit einem Buchwert von 150.000 € bilanziert. Aufgrund hoher Instandhaltungskosten ist ein Verlust entstanden.

Wirkt sich Sonderbetriebsvermögen bei den Verlusten nach § 15a EStG aus? Wie verhält es sich mit Ergänzungsbilanzen?

Steuerliche Ergänzungsbilanzen enthalten Wertkorrekturen zu den Bilanzpositionen in der Gesellschaftsbilanz der Personengesellschaft. Daher ist das Mehr- bzw. Minderkapital eines Kommanditisten in seiner steuerlichen Ergänzungsbilanz bei der Ermittlung des Verlustausgleichsvolumens nach § 15a EStG einzubeziehen. Auch bei der Berechnung des Verlustanteils i.S.v. § 15a EStG ist das Ergebnis einer Ergänzungsbilanz zu berücksichtigen. Nochmals: Der steuerliche Verlustanteil nach § 15a EStG ist der auf der ersten Stufe der Gewinnermittlung ermittelte Verlustanteil aus dem Gesellschaftsvermögen des Kommanditisten (vgl. Großübersicht 15).

Steuerliche Sonderbilanzen erfassen Wirtschaftsgüter, die dem Gesellschafter gehören (Sonderbetriebsvermögen). Verluste im Bereich des

Sonderbetriebsvermögens belasten den Kommanditisten unmittelbar, weil er sich hier auf keinerlei Haftungsbeschränkungen berufen kann. Dies gilt unabhängig davon, ob durch solche Verluste ein negatives Sonderkapital entsteht oder sich erhöht. Daher sind Verluste im Sonderbetriebsvermögen grundsätzlich ausgleichsfähig bzw. nach § 10d EStG abzugsfähig.

Im Fall 74 ist das Sonderbetriebsvermögen des Kommanditisten L nicht in das Kapitalkonto nach § 15a EStG einzubeziehen. Gesellschaftsvermögen und Sonderbetriebsvermögen sind in allen Fragen des § 15a EStG strikt voneinander zu trennen.

Das in der Sonderbilanz des Kommanditisten L ausgewiesene Grundstück und das korrespondierende Kapitalkonto auf der Passivseite der Sonderbilanz erhöhen den Wert des Kapitalkontos i.S.v. § 15a EStG nicht. Der Verlust aus dem Sonderbetriebsvermögen ist ohne Begrenzung steuerlich ausgleichs- bzw. abzugsfähig.

Mehrkontenmodelle und § 15a EStG

Fall 75
Die Röhren-GmbH & Co. KG führt innerhalb der steuerlichen Gesamthandsbilanz für jeden ihrer Gesellschafter vier Kapitalkonten:

Konto I: Festes Kapitalkonto, von dem die Beteiligung am Gewinn oder Verlust und die Stimmrechte abhängen

Konto II: Rücklagenkonto, dem nach dem Gesellschaftsvertrag nicht entnahmefähige Gewinnanteile zugebucht werden

Konto III: Darlehenskonto, dem entnahmefähige Gewinnanteile, Zinsen und Tätigkeitsvergütungen zugeschrieben werden und von denen Entnahmen (jedoch keine Verlustanteile) abgebucht werden

Konto IV: Verlustvortragskonto auf dem nur Verlustvorträge zu- oder abgebucht werden

Welche dieser Konten gehören zum Kapital i.S.v. § 15a EStG?

Kapitalkonten i.S.v. § 15a EStG sind Konten auf denen Eigenkapital ausgewiesen wird. Konten, auf denen Verbindlichkeiten der Gesellschaft gegenüber dem Kommanditisten erfasst werden, weisen Fremdkapital aus und gehören nicht zu den Kapitalkonten i.S.v. § 15a EStG.

Für die Zuordnung eines Kontos zum Eigenkapital kommt es entscheidend darauf an, ob das Kapital durch Buchung von Verlusten gegen den Willen des Kommanditisten entzogen werden kann (BFH vom 5.6.2002 I R 81/00 und BMF-Schreiben vom 30.5.1997).

Auf Grundlage dieser und weiterer höchstrichterlicher Rechtsprechung vertritt der Hauptfachausschuss (HFA) des Instituts der Wirtschaftsprüfer (IDW) die Auffassung, dass Eigenkapital bei Personenhandelsgesellschaften nur dann gegeben ist, wenn die von den Gesellschaftern bereitgestellten Mittel als Verlustdeckungspotenzial zur Verfügung stehen. Dies ist der Fall, wenn:

▶ diese Mittel bis zur vollen Höhe zur Verrechnung mit künftigen Verlusten zur Verfügung stehen,

▶ im Fall der Insolvenz der Gesellschaft insoweit eine Insolvenzforderung nicht geltend gemacht werden kann,

▶ bei Liquidation der Gesellschaft Ansprüche erst nach Befriedigung aller Gesellschaftsgläubiger mit dem sonstigen Eigenkapital auszugleichen sind.

Nicht erforderlich ist, dass die Gesellschafter diese Mittel auf Dauer zur Verfügung gestellt haben. In das Gesellschaftsvermögen geleistete Einlagen sind auch dann am Bilanzstichtag als Teil des Eigenkapitals auszuweisen, wenn sie alsbald danach entnommen werden (vgl. IDW RS HFA 7 Rz. 13).

Demnach ist ein Kapitalkonto, auf dem sowohl Gewinne, Verluste, Entnahmen und Einlagen des Gesellschafters gebucht werden, ein Eigenkapitalkonto, das die tatsächliche Einlage des Gesellschafters zeigt. Ein solches variable Kapitalkonto entspricht den Grundsätzen des Handelsrechts (§ 120 Abs. 2 HGB).

Dies gilt grundsätzlich auch für Kommanditisten (§ 161 Abs. 2 HGB). Dabei sind einem Kommanditisten Gewinne jedoch nur so lange auf seinem Kapitalkonto gutzuschreiben, bis dieses den Betrag der bedungenen Einlage (= Pflichteinlage) erreicht.

Darüber hinausgehende Beträge sind dem Kommanditisten außerhalb seines Kapitalkontos gutzuschreiben und wie Darlehensforderungen zu behandeln (§ 167 Abs. 2 HGB).

In der Praxis haben sich jedoch, abweichend von den Vorstellungen des Gesetzgebers, sog. Mehrkontenmodelle entwickelt.

Hierzu eine Übersicht.

Übersicht 22: Mehrkontenmodelle

Die Mehrkontenmodelle der Praxis

▶ **Zwei-Konten-Modell**:
 – Auf dem Kapitalkonto I wird die **Pflichteinlage** gebucht.
 – Das Kapitalkonto II wird mit **Verlustanteilen** belastet.
Beide Konten sind Kapitalkonten im Sinne des § 15a EStG.

▶ **Drei-Konten-Modell**:
 – Das Kapitalkonto I entspricht dem Kapitalkonto I im Zwei-Konten Modell.
 – Das Kapitalkonto II nimmt nur die nach dem Gesellschaftsvertrag **nicht entnahmefähigen Gewinne** sowie die Verluste auf und ist deshalb als Unterkonto zum Kapitalkonto I ein Kapitalkonto im Sinne des § 15a EStG.
 – Dagegen weist das Kapitalkonto III **Forderungen des Kommanditisten** aus. Es weist als Darlehenskonto kein Eigenkapital sondern Fremdkapital aus und ist folglich kein Kapitalkonto im Sinne des § 15a EStG.

> ▶ **Vier-Konten-Modell**:
> – Das Kapitalkonto I entspricht dem Kapitalkonto I im Zwei- und Drei-Konten-Modell.
> – Das Kapitalkonto II nimmt nur die nach dem Gesellschaftsvertrag nicht entnahmefähigen Gewinne auf.
> – Das Kapitalkonto III ist ein Verlustvortragskonto. Damit wird im Vier-Konten-Modell das Kapitalkonto II des Drei-Konten Modells noch einmal in zwei Konten unterteilt.
> – Das Kapitalkonto IV entspricht dem Kapitalkonto III im Drei-Konten-Modell und ist kein Kapitalkonto im Sinne des § 15a EStG.
> – Wenn auf dem Kapitalkonto II lediglich die nicht entnahmefähigen Gewinnanteile verbucht werden, so reicht die Entnahmebeschränkung nicht aus, es als Eigenkapital zu qualifizieren. Als Eigenkapital und damit Kapitalkonto im Sinne des § 15a EStG kann es nur gelten, wenn das Verlustvortragskonto als Unterkonto zum zweiten Konto geführt wird (vgl. Dötsch, FS Spitaler, S. 608 ff.).
>
> Das Verhältnis zwischen einem „Konto" und einem „Unterkonto" ist dadurch gekennzeichnet, dass Konto und Unterkonto zusammen ein Konto bilden.

Im Fall 75 sind die Konten I und IV Eigenkapitalkonten, da sie als Verlustdeckungspotenzial zur Verfügung stehen. Bei Konto II reicht die Entnahmebeschränkung nicht aus, um es als Eigenkapital zu qualifizieren. Als Eigenkapital und damit Kapitalkonto im Sinne des § 15a EStG kann es nur gelten, wenn das Verlustvortragskonto als Unterkonto zum zweiten Konto geführt wird. Das Konto III als ein reines Verrechnungskonto, von dem keine Verluste abgebucht werden können, ist dem Fremdkapital zuzuordnen und ist damit kein Kapitalkonto im Sinne des § 15a EStG.

Finanzplandarlehen

Fall 76

Die Holzveredelungs-GmbH & Co. KG hat drei Kommanditisten, von denen jeder nach dem Gesellschaftsvertrag 15.000 € (Pflichteinlage = Haftsumme) eingezahlt hat. Gesellschafter H(olzmann) ist Initiator und Kopf der Gesellschaft. Er verfügt über weitere Mittel, die er der

Gesellschaft zur Verfügung stellt. Er zahlt daher weitere 100.000 € auf sein Kapitalkonto ein. Mit den anderen Gesellschaftern ist vereinbart, dass dieses Kapital während der Dauer der Gesellschaft als Darlehen bestehen bleibt und es im Falle des Ausscheidens bzw. einer Liquidation mit einem eventuellen negativen Saldo des Kapitalkontos verrechnet wird. Im ersten Geschäftsjahr entfällt auf Gesellschafter H ein Verlustanteil i.H.v. von 20.000 €.

Ist der Verlustausgleich bzw. Verlustabzug nach § 15a EStG zu begrenzen? Anders gefragt: Entsteht ein verrechenbarer Verlust?

Hinweis: Die in den Fragen verwendeten Begrifflichkeiten sollten Ihnen jetzt geläufig sein. Ein verrechenbarer Verlust entsteht, wenn der Verlustausgleich bzw. Verlustabzug nach § 15a EStG begrenzt ist.

Übersicht 23: Finanzplandarlehen

Darlehen, die ein **Gesellschafter**

- bei Gründung der Gesellschaft
- neben der vertragsgemäßen Einlage
- zur planmäßigen Finanzierung der Gesellschaft
- verpflichtend leistet und die
- für die Verwirklichung der gesellschaftsvertraglichen Ziele unentbehrlich sind,

werden als Finanzplandarlehen bezeichnet. Man spricht in diesem Zusammenhang auch von einer „gesplitteten Einlage".

Ob solche Finanzplandarlehen bei Kommanditgesellschaften als **Eigenkapital** einzustufen und damit auch Teil des Kapitalkontos i.S.v. § 15a EStG sind, war lange umstritten. In einer neueren Entscheidung vertritt der BFH die Auffassung, dass ein solches Finanzplandarlehen **nur dann** als Eigenkapital anzusehen ist, wenn das Darlehen während des Bestehens der Gesellschaft vom Kommanditisten **nicht gekündigt** werden kann und das Guthaben bei seinem Ausscheiden bzw. Liquidation der Gesellschaft mit einem eventuell bestehenden negativen Kapitalkonto des Kommanditisten **zu verrechnen** ist (BFH vom 7.4.2005 IV R 24/03).

Im **Fall 76** beträgt der Saldo zwischen der geleisteten Pflichteinlage und dem Verlustanteil (15.000 ./. 20.000 =) ./. 5.000 €. Damit wäre in dieser Höhe ein verrechenbarer Verlust entstanden. Aufgrund der oben zitierten Entscheidung des BFH sind u.U. auch weitere Mittel als Eigenkapital zu qualifizieren. Dies gilt hier für das Finanzplandarlehen des Kommanditisten H. Da es für die Dauer der Gesellschaft gewährt wird und beim Ausscheiden bzw. einer Liquidation mit einem negativen Saldo des Kapitalkontos zu verrechnen ist, handelt es sich um Eigenkapital i.S.d. § 15a EStG. Aufgrund der Qualifikation des Finanzplandarlehens als Eigenkapital (= sog. Finanzplandarlehen im engeren Sinne) ist der Verlustanteil des Kommanditisten H in voller Höhe ausgleichs- bzw. abzugsfähig.

Übersicht 24: Verluste des Kommanditisten (§ 15a EStG)

Der steuerliche Verlustanteil des Kommanditisten gem. § 15 Abs. 1 Nr. 2 Halbsatz 1 EStG ist ...

... ausgleichs- bzw. abzugsfähig ...	– bis zur Höhe der **geleisteten Einlage** (= Stand des Kapitalkontos), – mind. bis zum Betrag der **Haftsumme**.
... verrechenbar ...	– soweit ein negatives Kapitalkonto **entsteht** und – soweit sich ein negatives Kapitalkonto **erhöht**.

Kapitalkonto i.S.d. § 15a EStG ist sie Summe der ...

– Kapitalkonten des Kommanditisten in der **Steuerbilanz**,
– einschließlich Mehr- oder Minderkapital in seiner **Ergänzungsbilanz**,
– sofern es sich um **Eigenkapital (Verlustdeckungspotenzial)** handelt.

Das Verlustausgleichspotenzial i.S.d. § 15a EStG wird ...

... erhöht durch ...	– laufende Gewinne, – Einlagen.
... vermindert durch ...	– laufende Verluste, – Entnahmen.

Lektion 14: Besonderheiten der GmbH & Co. KG

Wesen und Arten der GmbH & Co. KG

Fall 77
Die Gesellschafter A und B gründen gemeinsam und zu gleichen Teilen eine GmbH, die von diesem Zeitpunkt an die alleinige Komplementärin einer KG mit A und B als Kommanditisten sein soll. Die GmbH soll die Geschäfte der KG führen.

Um welche Rechtsform handelt es sich hier?

Das Gesellschaftsrecht lässt durchaus Modifikationen der gesetzlich geregelten Gesellschaftsformen zu. Die GmbH & Co. KG wird als Mischform aus Personen- und Kapitalgesellschaft bezeichnet. Im Wesen ist die GmbH & Co. KG eine Kommanditgesellschaft bei der eine GmbH die Stellung des persönlich haftenden Gesellschafters (Komplementärs) übernimmt. Die Komplementär-GmbH ist im Regelfall die einzige Gesellschafterin, die voll haftet. Die übrigen beteiligten Gesellschafter sind meist natürliche Personen, die als Kommanditisten auf ihrer Einlage beschränkt haften.

Bei einer sog. typischen GmbH & Co. KG sind die Kommanditisten zugleich Gesellschafter der Komplementär-GmbH. Wenn darüber hinaus in beiden Gesellschaften die gleichen Beteiligungsverhältnisse herrschen spricht man auch von einer personen- und beteiligungsidentischen GmbH & Co. KG. Es handelt sich dabei um die in der Praxis am häufigsten anzutreffende Erscheinungsform der GmbH & Co. KG.

Es wird deutlich, dass bei der GmbH & Co. KG die beteiligten natürlichen Personen ihr Haftungsrisiko insofern beschränkt haben, als sie weder als Kommanditisten der KG noch als Gesellschafter der Komplementär-GmbH unbeschränkt haften. Diese Risikobeschränkung ist ein häufiges Motiv für die Gründung einer GmbH & Co. KG.

Im Fall 77 handelt es sich um eine (typische) GmbH & Co. KG bei der die Gesellschafter der GmbH und der KG identisch sind und zudem in beiden Gesellschaften dieselben Beteiligungsverhältnisse herrschen (personen- und beteiligungsidentische GmbH & Co. KG).

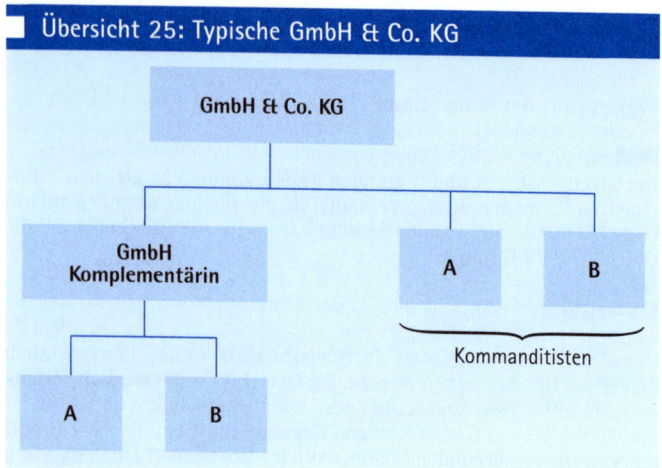

Übersicht 25: Typische GmbH & Co. KG

Möglich ist auch die Konstruktion einer Einmann-GmbH & Co. KG, bei der eine natürliche Person Alleingesellschafter der GmbH und zugleich der einzige Kommanditist der KG ist. Bei der Einheits-GmbH & Co. KG sind nicht die Kommanditisten Gesellschafter der Komplementär-GmbH sondern die KG ist Alleingesellschafterin der GmbH. Mithin liegen alle Geschäftsanteile der Komplementär-GmbH im Gesellschaftsvermögen der KG. Von einer Familien-GmbH & Co. KG spricht man, wenn die Kommanditisten Familienangehörige sind.

Die Publikums-GmbH & Co. KG ist dadurch gekennzeichnet, dass die Kommanditisten nicht auch Gesellschafter der GmbH sind. Vielmehr werden die Kommanditisten als Kapitalanleger geworben, denen in standardisierten Gesellschaftsverträgen nur wenige Kontrollrechte zugebilligt werden. Die Anteile an der Komplementär-GmbH werden von den Initiatoren der Publikums-GmbH & Co. KG gehalten. Diese an eine Kapitalgesellschaft angenäherte Konstruktion ist dennoch eine steuerliche Mitunternehmerschaft. Eine Publikums-GmbH & Co. KG ist daher als solche nicht körperschaftsteuerpflichtig, lediglich die Komplementär-GmbH unterliegt der Körperschaftsteuerpflicht. Dies gilt selbst dann, wenn sehr viele Kommanditisten beteiligt sind und deren Einfluss sich auf den von Kapitalanlegern beschränkt (BFH vom 25.6.1984 GrS 4/82).

In der Praxis finden sich noch weitere Arten der Ausgestaltung, die möglich sind und regelmäßig steuerlich akzeptiert werden. Nachfolgend werden wir von dem Fall einer typischen GmbH & Co. KG ausgehen.

Gewerblichkeit der GmbH & Co. KG

Fall 78

Die Grundstücks-GmbH & Co. KG ist Eigentümerin mehrerer Grundstücke, die sie vermietet. Sie betreibt weder einen gewerblichen Grundstückshandel noch führt sie einen sonstigen Geschäftsbetrieb. Die Verwaltungs-GmbH ist als Komplementärin die alleinige Geschäftsführerin der KG.

Erzielen die Gesellschafter der Grundstücks-GmbH & Co. KG Einkünfte aus Vermietung und Verpachtung oder Einkünfte aus Gewerbebetrieb?

Wie auch andere Personengesellschaften ist die GmbH & Co. KG im Rahmen der Ertragsbesteuerung kein selbstständiges Steuersubjekt (jedoch: Besteuerung des Betriebes mit Gewerbesteuer). Steuersubjekte sind die Gesellschafter, die mit ihren Anteil am Gesamtgewinn der Ertragsbesteuerung unterliegen. Der auf die GmbH entfallende Anteil am Gesamtgewinn unterliegt der Körperschaftsteuer. Die Kommanditisten erzielen als natürliche Personen gem. § 15 Abs. 1 Nr. 2 EStG Einkünfte aus Gewerbebetrieb im Rahmen der Einkommensteuer. Voraussetzung ist, wie auch bei anderen Personengesellschaften, dass die GmbH & Co. KG gewerblich tätig ist und ihre Gesellschafter Mitunternehmer sind.

Gewerblich tätig ist die GmbH & Co. KG, wenn die KG:

▶ einen Gewerbebetrieb i.S.v. § 15 Abs. G EStG betreibt oder

▶ mindestens auch (§ 15 Abs. 3 Nr. 1 EStG) einen Gewerbebetrieb i.S.v. § 15 Abs. 2 EStG betreibt (Abfärbetheorie) oder

▶ eine gewerblich geprägte Personengesellschaft i.S.v. § 15 Abs. 3 Nr. 2 EStG ist.

Wenn also die GmbH & Co. KG ein gewerbliches Unternehmen betreibt, sind weitere Überlegungen zur Abfärbetheorie oder zum Gepräge überflüssig.

Ist dies nicht der Fall, kann die typische GmbH & Co. KG jedoch als der Normalfall einer gewerblich geprägten Personengesellschaft angesehen werden. Eine gewerbliche Prägung ist dann gegeben, wenn eine Personengesellschaft

- mit Einkünfteerzielungsabsicht eine Tätigkeit ausübt, die keine gewerbliche Tätigkeit darstellt,
- nur Kapitalgesellschaften die persönlich haftenden Gesellschafter sind und
- nur diese oder Nichtgesellschafter zur Geschäftsführung befugt sind.

Wenn diese Voraussetzungen erfüllt sind, werden sämtliche Einkünfte zu Einkünften aus Gewerbebetrieb umqualifiziert (§ 15 Abs. 3 Nr. 2 EStG). Damit prägt die in § 8 Abs. 2 KStG angeordnete Gewerblichkeit der Einkünfte der GmbH die Einkunftsart der KG.

Im Fall 78 ist die Grundstücks-GmbH & Co. KG nicht gewerblich sondern lediglich (mit Einkünfteerzielungsabsicht) vermögensverwaltend tätig. Allerdings ist die Grundstücks-GmbH & Co. KG gewerblich geprägt. Die Verwaltungs-GmbH ist als Kapitalgesellschaft einzige persönlich haftende Gesellschafterin und alleinige Geschäftsführerin der KG. Damit prägt sie die Einkünfte der KG, die dadurch in vollem Umfang gewerbliche Einkünfte erzielt. Die auf die Kommanditisten entfallenden Anteile am Gewinn sind bei diesen als Einkünfte aus Gewerbebetrieb zu versteuern. Der auf die Verwaltungs-GmbH entfallende Anteil am Gewinn unterliegt der Körperschaftsteuer.

Leitsatz 48

Gewerblichkeit der GmbH & Co. KG

Die typische GmbH & Co. KG ist (ohne gewerbliche Tätigkeit, mit Einkünfteerzielungsabsicht) der Normalfall einer gewerblich geprägten Personengesellschaft, da eine Kapitalgesellschaft **persönlich haftet** und die **Geschäfte führt**.

Mitunternehmerschaft

Die Voraussetzungen der Mitunternehmerschaft sind bei einer GmbH & Co. KG die gleichen wie bei einer anderen Personengesellschaft. Es gelten daher für die Annahme einer Mitunternehmerstellung die gleichen Kriterien der Mitunternehmerinitiative und des Mitunternehmerrisikos der Gesellschafter.

Bei der typischen GmbH & Co. KG mit Gewerbebetrieb ist die Komplementär-GmbH aufgrund ihrer Außenhaftung (Mitunternehmerrisiko) und ihre Geschäftsführungs- und Vertretungsbefugnis (Mitunternehmerinitiative) in der Regel Mitunternehmer. Dies gilt nach der Rechtsprechung des BFH auch, wenn sie nur eine gewinnunabhängige Vergütung erhält und nicht am Vermögen und Verlust beteiligt und im Innenverhältnis weisungsgebunden ist (BFH vom 25.4.2006 VIII R 74/03).

Die Kommanditisten einer GmbH & Co. KG sind regelmäßig Mitunternehmer, obwohl ihre Haftung beschränkt ist und sie außer ihren geringen Mitwirkungs- und Kontrollrechten keine Mitunternehmerinitiative entfalten (BFH vom 3.7.1975 IV R 6/74).

Betriebsvermögen

■ Fall 79

Der erfahrene Steuerberater P hat von seinem Tennispartner und Kollegen J das Mandat für die Werbe-GmbH & Co. KG übernommen. Er stellt fest, dass die Komplementär-GmbH ein ihr gehörendes Grundstück an die KG vermietet hat und dieses Grundstück in ihrer Steuerbilanz ausweist. Aufwendungen und Erträge im Zusammenhang mit dem Grundstück wurden in der Gewinn-und Verlustrechnung der GmbH erfasst.

Sind Bilanzausweis und Erfassung der Aufwendungen und Erträge in der Rechnungslegung der Komplementär-GmbH zutreffend?

Hinsichtlich des Betriebsvermögens einer GmbH & Co. KG gibt es grundsätzlich keine Abweichungen gegenüber den für Personengesellschaften geltenden allgemeinen Zuordnungsregeln. Das steuerliche Betriebsvermögen einer KG besteht aus dem Gesellschaftsvermögen der KG und aus dem Sonderbetriebsvermögen der Gesellschafter.

Wirtschaftsgüter, die der Komplementär-GmbH gehören und der KG zur Nutzung überlassen werden, sind daher notwendiges Sonderbetriebsvermögen I der Komplementär-GmbH bei der KG. Solche Wirtschaftsgüter sind nicht etwa der Steuerbilanz der Komplementär-GmbH selbst zuzuordnen. Die Sonderbetriebsvermögenseigenschaft in der KG ist vorrangig vor der Bilanzierung in der Steuerbilanz der Komplementär-GmbH (BFH vom 13.7.1993 VIII R 50/92).

Auch für Sondervergütungen gelten die allgemeinen Regeln. Das an die Komplementär-GmbH gezahlte Geschäftsführergehalt und die Haftungsvergütung sind Sonderbetriebseinnahmen. Aufwendungen der Komplementär-GmbH im Zusammenhang mit der Mitunternehmerschaft (z.B. das von der GmbH gezahlte Gehalt des Geschäftsführers) sind Sonderbetriebsausgaben. Hingegen sind Aufwendungen, die nicht unmittelbar durch die Beteiligung an der GmbH & Co. KG veranlasst sind, keine Sonderbetriebsausgaben (BFH vom 18.5.1995 IV R 46/94).

Im Fall 79 erkennt der äußerst fachkundige P, dass das vermietete Grundstück notwendiges Sonderbetriebsvermögen I der Komplementär-GmbH ist. Die Mieteinnahmen und die damit in Zusammenhang stehenden Aufwendungen sind als Sonderbetriebseinnahmen bzw. Sonderbetriebsausgaben zu erfassen. Insofern ist der durch den Kollegen J (der wohl doch zu viel seiner Zeit dem Tennissport widmet) vorgenommene Ausweis dieses Sachverhalts in der Rechnungslegung der Komplementär-GmbH unzutreffend.

Fall 80

Steuerberater P stellt bei Durchsicht der Unterlagen weiter fest, dass an der Werbe-GmbH & Co. KG neben der vermögensmäßig nicht beteiligten Komplementär-GmbH als Kommanditisten die Gesellschafter A und B je zur Hälfte beteiligt sind. Die Geschäftsführung liegt bei der Komplementär-GmbH (Gesellschafter sind A und B je zur Hälfte). Für die Kommanditisten werden keine Sonderbilanzen erstellt.

Ist es zutreffend, dass die Kommanditisten A und B keinerlei Sonderbetriebsvermögen haben?

Eine Besonderheit bei der typischen GmbH & Co. KG ist, dass die Kommanditisten Anteile an der Komplementär-GmbH halten. Diese Anteile gehören regelmäßig zum notwendigen Sonderbetriebsvermögen II der Kommanditisten, weil die GmbH-Anteile einen Einfluss auf die Geschäftsführung der KG vermitteln. Im Falle von Gewinnausschüttungen der Komplementär-GmbH werden diese zu gewerblichen Einkünften aus der Mitunternehmerschaft und sind den Kommanditisten über die einheitliche und gesonderte Feststellung als Einkünfte aus Gewerbebetrieb zuzurechnen (§ 15 Abs. 1 Nr. 2 EStG i.V.m. 20 Abs. 8 EStG). Andernfalls würden die Anteile zum Privatvermögen der Kommanditisten gehören und es lägen Einkünfte aus Kapitalvermögen vor.

Praktische Relevanz hat diese Unterscheidung, da bei Betriebsvermögen auf die Ausschüttungen das Teileinkünfteverfahren anzuwenden ist, im Privatvermögen hingegen unterliegen die Ausschüttungen der Abgeltungsteuer (ggf. auf Antrag auch dem Teileinkünfteverfahren).

Beachte: *Verfahrensrechtlich ist nicht ausdrücklich geregelt, ob die Steuerfreistellung nach dem Teileinkünfteverfahren erst bei der Veranlagung der Gesellschafter oder schon bei der Gewinnfeststellung der Gesellschaft zu berücksichtigen ist.*

Im Fall 80 sind die Anteile an der Komplementär-GmbH der Kommanditisten A und B notwendiges Sonderbetriebsvermögen II, weil sie einen Einfluss auf die Geschäftsführung der KG vermitteln. Damit dienen die Anteile unmittelbar der Stärkung der Beteiligung der Gesellschafter.

> ## Leitsatz 49
> **Anteile an der Komplementär-GmbH**
>
> Anteile an der Komplementär-GmbH, die von den Kommanditisten einer typischen GmbH & Co. KG gehalten werden, sind **notwendiges Sonderbetriebsvermögen II** der Kommanditisten, da die Anteile Einfluss auf die Geschäftsführung der KG vermitteln und damit unmittelbar der **Stärkung der Beteiligung** dienen.

Würde die Komplementär-GmbH im Fall 80 noch einen eigenen Geschäftsbetrieb von nicht ganz untergeordneter Bedeutung betreiben und läge auch keine anderweitige über die Beteiligung und die Geschäftsführung hinausgehende Verflechtung vor, wären die GmbH-Anteile nach der ständigen Rechtsprechung des BFH kein notwendiges Sonderbetriebsvermögen II. Die eigene, von der KG losgelöste Interessensphäre der GmbH hat zur Folge, dass die GmbH-Anteile zum Privatvermögen der Kommanditisten gehören. Allerdings können sie als gewillkürtes Sonderbetriebsvermögen II behandelt werden (z.B. BFH vom 12.11.1985 VIII R 286/81 und 7.7.1992 VIII R 2/87).

Tätigkeitsvergütungen

Fall 81

An der Baustoffe-GmbH & Co. KG sind als Komplementär die Verwaltungs-GmbH mit 10% sowie die Kommanditisten A und B mit je 45% beteiligt. Die Anteile an der Verwaltungs-GmbH halten A und B je zur Hälfte. Der Handelsbilanzgewinn (= Steuerbilanzgewinn) der Baustoffe-GmbH & Co. KG beträgt 250.000 €. Die KG hat ihre Geschäftsführung auf die Verwaltungs-GmbH übertragen. Für ihren Geschäftsführer C, der nicht an der GmbH & Co. KG beteiligt ist, entstehen der Verwaltungs-GmbH Aufwendungen i.H.v. (Gehalt 100.000 € und soziale Aufwendungen 20.000 € =) 120.000 €. Diese Aufwendungen erhält sie von der KG ersetzt. Dort haben sie den Handelsbilanzgewinn als Personalaufwand entsprechend gemindert.

Welche Einkünfte erzielt der Geschäftsführer C? Wie sieht die Gewinnverteilung aus?

Vergütungen, die eine Komplementär-GmbH für Tätigkeiten im Dienste der KG erhält, sind gem. § 15 Abs. 1 Nr. 2 EStG Sondervergütungen, die als Sonderbetriebseinnahmen des Gesellschafters zu erfassen sind. Diese Sonderbetriebseinnahmen erhöhen den Gewinnanteil der Komplementär-GmbH und den steuerlichen Gesamtgewinn der KG. Wenn die Komplementär-GmbH ihrem Geschäftsführer ein Gehalt zahlt, sind diese Zahlungen wiederum Sonderbetriebsausgaben, soweit die Tätigkeit die Geschäftsführung der KG betrifft. Diese Sonderbetriebsausgaben vermindern wiederum den Gewinnanteil der Komplementär-GmbH und den steuerlichen Gesamtgewinn der KG.

Wie das Geschäftsführergehalt des Geschäftsführers der Verwaltungs-GmbH zu behandeln ist, hängt davon ab, ob der Geschäftsführer der Verwaltungs-GmbH zugleich Kommanditist der KG oder eine dritte Person (sog. Fremdgeschäftsführer) ist. Vergütungen, die ein Kommanditist für die Geschäftsführung der KG erhält, sind bei ihm gem. § 15 Abs. 1

Nr. 2 EStG Sonderbetriebseinnahmen (Einkünfte aus Gewerbebetrieb), da es sich in diesem Fall um eine Tätigkeit im Dienste seiner Gesellschaft handelt. Der Fremdgeschäftsführer erzielt hingegen Einkünfte aus nicht selbständiger Arbeit (§ 19 EStG).

Im Fall 81 erzielt der C als Fremdgeschäftsführer gem. § 19 EStG Einkünfte aus nichtselbständiger Arbeit. Das Gehalt erhält er von der Verwaltungs-GmbH, die damit eine Sonderbetriebsausgabe tätigt. Der Ersatz in gleicher Höhe von der KG ist eine Sondervergütung, die als Sonderbetriebseinnahme erfasst wird. Die Gewinnverteilung im Rahmen der einheitlichen und gesonderten Gewinnfeststellung hat folgendes Aussehen (in Euro):

	Gesamt-gewinn	GmbH	A	B
Steuerbilanzgewinn	250.000	25.000	112.500	112.500
+ Geschäftsführer-vergütung KG an GmbH	120.000	120.000		
./. Sonderbetriebs-ausgabe GmbH an C	./. 120.000	./. 120.000		
Steuerlicher Gesamt-gewinn/Gewinn-anteil	250.000	25.000	112.500	112.500

■ Fall 82

Wie Fall 81, jedoch ist der Geschäftsführer kein Fremdgeschäftsführer, sondern Kommanditist A, der eine Geschäftsführervergütung i.H.v. 120.000 € erhält.

Welche Einkünfte erzielt der Kommanditist A? Wie sieht die Gewinnverteilung aus?

Vergütungen, die ein Kommanditist für die Geschäftsführung seiner KG erhält, sind gem. § 15 Abs. 1 Nr. 2 EStG Sondervergütungen, die innerhalb einer Sonderbuchführung als Sonderbetriebseinnahmen zu erfassen sind. Unerheblich ist dabei, ob der Kommanditist seine Tätigkeitsvergütung von der Komplementär-GmbH oder direkt von der KG (abgekürzter Zahlungsweg) erhält.

Die Vergütung, die die Komplementär-GmbH für die Geschäftsführung erhält, ist bei ihr Sonderbetriebseinnahme. Die Gehaltszahlung an den Kommanditisten ist Sonderbetriebsausgabe.

Im Fall 82 ist der Geschäftsführer A zugleich Kommanditist der KG. Sein Geschäftsführergehalt führt bei ihm gem. § 15 Abs. 1 Nr. 2 EStG zu Einkünften aus Gewerbebetrieb. Das Gehalt erhält er von der Verwaltungs-GmbH, die damit eine Sonderbetriebsausgabe tätigt. Der Ersatz in gleicher Höhe von der KG ist eine Sondervergütung, die als Sonderbetriebseinnahme erfasst wird. Die Gewinnverteilung im Rahmen der einheitlichen und gesonderten Gewinnfeststellung hat folgendes Aussehen (in Euro):

	Gesamt-gewinn	GmbH	A	B
Steuerbilanzgewinn	250.000	25.000	112.500	112.500
+ Geschäftsführer-vergütung an A	120.000		120.000	
+ Geschäftsführer-vergütung KG an GmbH	120.000	120.000		
./. Sonderbetriebs-ausgabe GmbH an A	./. 120.000	./. 120.000		
= Steuerlicher Gesamtgewinn / Gewinnanteil	370.000	25.000	232.500	112.500

Die Ergebnisse der Fälle 81 und 82 sind insofern plausibel, als die Anstellung eines Fremdgeschäftsführers dazu führt, dass der steuerliche Gesamtgewinn der Baustoffe-GmbH & Co. KG um dieses Gehalt (120.000 €) geringer ausfällt, als für den Fall, dass ein Kommanditist die

Geschäftsführung übernimmt und das Gehalt im steuerlichen Gesamtgewinn des Unternehmens verbleibt.

Gewinnausschüttungen der Komplementär-GmbH

▬ Fall 83

An der Futtermittel-GmbH & Co. KG sind die Kommanditisten A und B ebenso wie an der Komplementär-GmbH je zur Hälfte beteiligt. Die Komplementär-GmbH führt neben ihrer Geschäftsführungstätigkeit keine gewerbliche Tätigkeit aus. Am 15.5.01 beschließt die Gesellschafterversammlung der Komplementär-GmbH, eine Dividende von insgesamt 20.000 € auszuschütten. Am 15.6.01 werden nach Abzug von 25% Kapitalertragsteuer und 5,5% SolZ auf die Kapitalertragsteuer (= 26,375%) an die Gesellschafter A und B je ein Betrag von (20.000 ./. [20.000 × 26,375%] = 14.725 : 2 =) 7.632,50 € ausgezahlt.

Ist mit der Zahlung der Kapitalertragsteuer zzgl. SolZ die Steuerschuld der Gesellschafter A und B wirksam abgegolten?

Oben haben wir bereits die Besonderheit bei der typischen GmbH & Co. KG angesprochen: Die Kommanditisten halten Anteile an der Komplementär-GmbH. Diese Anteile gehören regelmäßig zum notwendigen Sonderbetriebsvermögen II der Kommanditisten, weil die GmbH-Anteile einen Einfluss auf die Geschäftsführung der KG vermitteln.

Da die Anteile zum (Sonder-)Betriebsvermögen gehören, ist auf die Ausschüttungen das Teileinkünfteverfahren gem. § 3 Nr. 40 EStG anzuwenden. Im Privatvermögen hingegen unterliegen solche Ausschüttungen der Abgeltungsteuer (ggf. auf Antrag auch dem Teileinkünfteverfahren).

Die Gewinnausschüttungen der Komplementär-GmbH sind bei den Kommanditisten Sonderbetriebseinnahmen. Aufwendungen, die mit diesen der Einnahmen in Zusammenhang stehen (z.B. Zinsen für ein zum Erwerb der Anteile aufgenommenes Darlehen) sind Sonderbetriebsausgaben.

Im Fall 83 sind die Anteile an der Komplementär-GmbH der Kommanditisten A und B notwendiges Sonderbetriebsvermögen II. Sie vermitteln einen Einfluss auf die Geschäftsführung der KG und dienen damit unmittelbar der Stärkung der Beteiligung der Gesellschafter.

Im Zeitpunkt der Beschlussfassung der Gesellschafterversammlung am 15.5.01 entstehen bei den Gesellschaftern A und B Sonderbetriebseinnahmen von je 10.000 €. Diese Sonderbetriebseinnahmen sind nach dem Teileinkünfteverfahren zu je 40 % (= 4.000 €) steuerfrei (§ 3 Nr. 40 Buchst. a EStG). Die einbehaltene Kapitalertragsteuer und der SolZ werden im Rahmen der Einkommensteuerveranlagung 01 bei den Gesellschaftern A und B auf deren Einkommensteuerschuld angerechnet (§ 36 Abs. 2 Nr. 2 EStG).

Lektion 15: Gründung und Umstrukturierungen

Bedeutung der stillen Reserven

Gründung und Umstrukturierungen von und in Personengesellschaften (u.a. Aufnahme von Gesellschaftern, Einbringung von Betrieben, Teilbetrieben und Mitunternehmeranteilen, Übertragung von Einzelwirtschaftsgütern und Anteilen an einer Personengesellschaft) führen zu der steuerlich bedeutsamen Frage nach der Behandlung vorhandener stiller Reserven.

Im Zusammenhang mit Gründung und Umstrukturierungen lassen sich unentgeltliche, teilentgeltliche und entgeltliche Vorgänge sowie Teil- und Vollübertragungen unterscheiden. In vielen Fällen will der Gesetzgeber wirtschaftlich sinnvolle Umstrukturierungen nicht behindern und gewährt insofern Steueraufschub dadurch, dass die stillen Reserven (noch) nicht aufgedeckt und der Besteuerung unterworfen werden müssen.

Maßstab ist in diesem Zusammenhang regelmäßig die Steuerverstrickung, d.h. solange die (spätere) Besteuerung der stillen Reserven gewährleistet ist, müssen diese nicht aufgedeckt werden. Im Falle der Aufdeckung von stillen Reserven wird durch die Tarifermäßigung des § 34 EStG der Progressionsnachteil aufgrund der Zusammenballung der Einkünfte (die stillen Reserven haben sich über Jahre aufgebaut und werden nun „auf einen Schlag" besteuert) gemildert.

Kritisch wird dazu angemerkt, dass ein System, nach dem der Gesetzgeber die Umstrukturierung von Personengesellschaften begünstigt, nur schwer erkennbar ist, da es an einer zusammenhängenden, in sich geschlossenen Regelung fehlt. Häufige Gesetzesänderungen machen die Rechtslage zur Besteuerung der angesprochenen Sondervorgänge sehr unübersichtlich. Weitgehend unabgestimmte, durch Rechtsprechung ergänzte, Einzelregelungen finden sich in § 6 Abs. 3 und 5 EStG, § 16 EStG und § 24 UmwStG.

Sacheinlage bei Gründung

Fall 84

A und B gründen am 2.1.08 die AB-OHG. Gemäß den Vereinbarungen im Gesellschaftsvertrag zahlt A seine Pflichteinlage (= Haftsumme) i.H.v. 100.000 € auf das Konto der OHG ein. B bringt eine Maschine aus seinem Einzelunternehmen (Buchwert 10.000 €, Teilwert 25.000 €) und ein in seinem Privatvermögen befindliches unbebautes Grundstück (Kauf am 10.1.01 für 50.000 €, gemeiner Wert am 2.1.08 75.000 €) ein.

Kommt es bei den Einbringungsvorgängen zu einer Aufdeckung und Besteuerung stiller Reserven?

Je nach Ausgestaltung des Gesellschaftsvertrags sind Bar- und Sachgründung zu unterscheiden. Während bei einer Bargründung der Gesellschafter verpflichtet ist, Geld zu leisten, ist die Sachgründung dadurch gekennzeichnet, dass die Gesellschafter einzelne Wirtschaftsgüter oder Betriebe, Teilbetriebe oder Mitunternehmeranteile einbringen. Bei der Einbringung einzelner Wirtschaftsgüter können diese entweder aus dem Privatvermögen oder dem Betriebsvermögen stammen, siehe folgende Übersicht 26.

Übersicht 26: Gründung einer Personengesellschaft

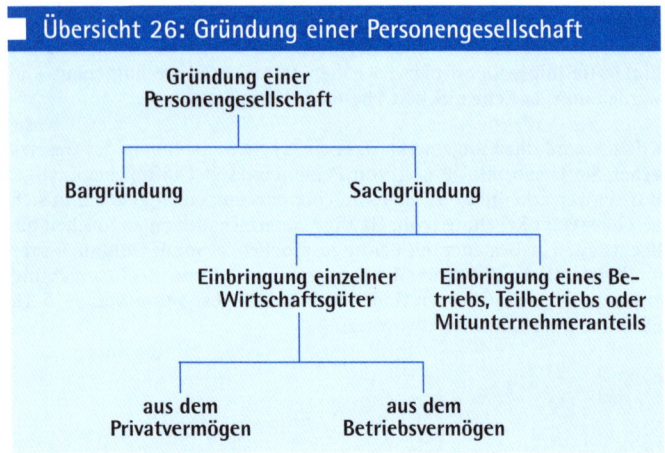

Beteiligt sich ein Gesellschafter durch Einbringung eines Wirtschaftsguts aus einem Betriebsvermögen (einschl. Sonderbetriebsvermögen), ist bei diesem tauschähnlichen Vorgang gem. § 6 Abs. 5 Satz 3 EStG zwingend der Buchwert fortzuführen, d.h. die etwaigen stillen Reserven werden nicht aufgedeckt und der Besteuerung unterworfen. Der Vorgang bleibt für den Einbringenden also steuerneutral.

Stammt das Wirtschaftsgut hingegen aus dem Privatvermögen und wird gegen Gewährung von Gesellschafterrechten übertragen, geht die Rechtsprechung von einem tauschähnlichen Vorgang aus, mit der Rechtsfolge, dass gem. § 6 Abs. 6 Satz 1 EStG die stillen Reserven zwingend aufzudecken sind (Gewinnrealisierung im Privatvermögen), und nach Maßgabe der §§ 17, 20 Abs. 2, 22 Nr. 2, 23 EStG möglicherweise einer Besteuerung unterliegen.

Hinweis: *§ 6 Abs. 5 Satz 3 EStG hat im Falle von Betriebsvermögen als „lex specialis" Vorrang vor § 6 Abs. 6 Satz 1 EStG.*

Betrachten wir nun Fall 84. Hier leistet A mit der Überweisung des Betrages auf das Konto der OHG eine Bareinlage. Eine solche Bareinlage ist aus steuerrechtlicher Sicht unproblematisch, da sie mit keiner Realisierung stiller Reserven verbunden ist. Die Einbringung der Maschine aus einem Betriebsvermögen des B gegen die Gewährung von Gesellschaftsrechten ist ein tauschähnlicher Vorgang bei dem gem. § 6 Abs. 5 Satz 3 EStG zwingend die Buchwerte fortzuführen sind. Buchungstechnisch wird dies durch ein entsprechendes Minderkapital in der (negativen) Ergänzungsbilanz des B erfasst (vgl. dazu Lektion 7), da zur richtigen Abbildung der Kapitalanteile die Maschine in der Gesellschaftsbilanz mit dem gemeinen Wert angesetzt wird.

Die Einbringung des Grundstücks aus dem Privatvermögen des B ist ebenfalls ein tauschähnlicher Vorgang, jedoch hier mit der Rechtsfolge der Aufdeckung der stillen Reserven und einer Gewinnrealisierung im Privatvermögen gem. § 6 Abs. 6 Satz 1 EStG. Die Besteuerung der zwischen Anschaffung am 10.01.01 und Einlage am 02.01.08 i.H.v. (75.000 ./. 50.000 =) 25.000 € angesammelten stillen Reserven ist gem. § 23 Abs. 1 Satz 5 Nr.1 EStG davon abhängig, ob das Grundstück später (innerhalb von zehn Jahren seit Anschaffung) aus dem Betriebsvermögen der AB-OHG veräußert wird. In diesem Fall gehört der Veräußerungsgewinn i.H.v. (75.000 ./. 50.000 =) 25.000 € zu den sonstigen Einkünften des B (§§ 22 Nr. 2 i.V.m. 23 EStG).

Einbringung eines Betriebs, Teilbetriebs oder Mitunternehmeranteils

Fall 85

Unsere Gesellschafter A und B aus Fall 84 nehmen als weiteren Gesellschafter den C auf, der sein bisheriges Einzelunternehmen als Sachgesamtheit (Buchwert 80.000 €, stille Reserven 20.000 €) gegen die Gewährung von Gesellschaftsrechten in die OHG einbringt.

Kommt es bei der Einbringung des Einzelunternehmens zu einer Aufdeckung und Besteuerung der stillen Reserven?

Im Fall der Einbringung eines Betriebs, Teilbetriebs oder Mitunternehmeranteils in eine Personengesellschaft hat der Einbringende grundsätzlich die Möglichkeit, der

▶ Einbringung der einzelnen Wirtschaftsgüter mit der Rechtsfolge des § 6 Abs. 5 Satz 3 EStG oder der

▶ Einbringung der Sachgesamtheit mit den Rechtsfolgen des § 24 UmwStG.

Wie wir bereits gesehen haben, schreibt § 6 Abs. 5 Satz 3 EStG zwingend die Fortführung der Buchwerte vor. Dagegen besteht im Falle der Einbringung eines Betriebs, Teilbetriebs oder Mitunternehmeranteils gem. § 24 Abs. 2 UmwStG ein Wahlrecht zum Ansatz von Buchwert, gemeinem Wert oder einem Zwischenwert. Unabhängig davon, mit welchem Wertansatz die Sachgesamtheit angesetzt wird, stellt die Einbringung immer einen tauschähnlichen Vorgang dar. Damit gilt der Wert, mit dem das eingebrachte Betriebsvermögen in der Bilanz der Personengesellschaft (einschließlich der Ergänzungsbilanzen) angesetzt wird für den Einbringenden als Veräußerungspreis i.S.d. § 16 EStG (§ 24 Abs. 3 UmwStG). Mit Aufdeckung der stillen Reserven entsteht ein Veräußerungsgewinn als Differenz zwischen Veräußerungspreis und Buchwert. Dieser gehört zu den Einkünften aus Gewerbebetrieb nach § 16 EStG.

Damit besteht im Fall 85 ein Wahlrecht zum Ansatz des Buchwerts (80.000 €), des gemeinen Werts (100.000 €) oder eines dazwischen liegenden Werts. Entscheiden sich die Gesellschafter für den Ansatz des

Buchwerts oder eines Zwischenwerts (= teilweise Auflösung der stillen Reserven), wird dies (wie auch in Fall 84) durch den Ansatz der eingebrachten Sachgesamtheit in der Gesellschaftsbilanz mit dem gemeinen Wert und einer (negativen) Ergänzungsbilanz des einbringenden Gesellschafters abgebildet. Im Ergebnis kann festgestellt werden, dass auch bei Einbringung von Betrieben, Teilbetrieben und Mitunternehmeranteilen eine steuerneutrale Einbringung zu Buchwerten möglich ist.

Bei Einbringung eines Betriebs, Teilbetriebs oder Mitunternehmeranteils ist der einbringende Gesellschafter immer mit der Frage konfrontiert, ob die in der eingebrachten Sachgesamtheit enthaltenen stillen Reserven durch Wahl des Ansatzes zum gemeinen Wert realisiert oder durch den Buchwertansatz konserviert werden sollen. Für den Ansatz des gemeinen Werts spricht im Wesentlichen die begünstigte Besteuerung des Einbringungsgewinns gem. §§ 16 Abs. 4, 34 EStG. Für den Buchwertansatz spricht hingegen der aus der zeitlichen Verlagerung der steuerlichen Belastung resultierende Liquiditäts- bzw. Zinsvorteil.

Unentgeltliche Aufnahme in ein Einzelunternehmen oder eine Personengesellschaft

Fall 86

Vater V nimmt seinen Sohn S in sein bisheriges Einzelunternehmen auf. S muss keine Einlage leisten, sondern das Kapitalkonto des V wird auf ihn zu 50 % umgeschrieben. Das Unternehmen wird nunmehr in Form einer GbR weitergeführt.

Welche steuerlichen Folgen hat diese unentgeltliche Aufnahme in ein Einzelunternehmen?

Die Aufnahme eines Gesellschafters in ein Einzelunternehmen wird steuerlich wie die Gründung einer neuen Personengesellschaft unter gleichzeitiger Einbringung des bestehenden Unternehmens behandelt. Im Falle der unentgeltlichen Aufnahme ist § 6 Abs. 3 Satz 1 Halbsatz 2 EStG vorrangig vor dem Wahlrecht des § 24 UmwStG und ordnet zwingend die Buchwertfortführung an. Gleiches gilt für die unentgeltliche Aufnahme in eine bestehende Personengesellschaft.

Im Fall 86 müssen V und S die bisherigen Buchwerte ansetzen. Stille Reserven werden nicht aufgedeckt. Sämtliche Ansätze und die Abschreibungsmethoden werden unverändert von der GbR übernommen.

Leitsatz 50

Unentgeltliche Aufnahme

Die Gründung einer Personengesellschaft durch die unentgeltliche Aufnahme in ein bereits bestehendes Einzelunternehmen ist nach § 6 Abs. 3 Satz 1 Halbsatz 2 EStG zu Buchwerten (**Buchwertfortführung**) vorzunehmen. Gleiches gilt für die unentgeltliche Aufnahme in eine bestehende Personengesellschaft.

Entgeltliche Aufnahme in ein Einzelunternehmen oder eine bestehende Personengesellschaft

Fall 87

Schreiner S hat seine Schreinerei jahrelang als Einzelunternehmen geführt. Die Auftragslage ist so gut, dass er nur mit weiteren Investitionen seine qualitativ hochwertigen Produkte liefern kann. Er gründet daher mit seinem Werkstattmeister W eine OHG. W zahlt 150.000 € in die Gesellschaft ein. Die Einlage des S besteht aus seinem Einzelunternehmen (Buchwert 80.000 €, gemeiner Wert 150.000 €).

Welche steuerlichen Folgen hat diese entgeltliche Aufnahme in ein Einzelunternehmen?

Die Aufnahme eines Gesellschafters in ein Einzelunternehmen wird steuerlich wie die Gründung einer neuen Personengesellschaft unter gleichzeitiger Einbringung des bestehenden Unternehmens behandelt. Leistet der eintretende einer Einlage in das Betriebsvermögen, ist § 24 Abs. 2 Satz 1 UmwStG mit dem Wahlrecht zwischen Buchwert, gemeinem Wert oder einem Zwischenwert einschlägig. Gleiches gilt für die entgeltliche Aufnahme in eine bestehende Personengesellschaft.

Wenn S im Fall 87 eine Besteuerung seiner stillen Reserven vermeiden will, wird er die Buchwertfortführung wählen. Bilanzierungstechnisch sieht das wie folgt aus (in Euro):

Bilanzierung vor Gründung der OHG

Aktiva	Einzelunternehmen S		Passiva
Maschinen	80.000 €	Kapital S	80.000 €

Eröffnungsbilanz der OHG

Aktiva	SW-OHG		Passiva
Maschinen	150.000 €	Kapital S	150.000 €
Bankguthaben	150.000 €	Kapital W	150.000 €
	300.000 €		300.000 €

Die Kapitalkonten in der Gesellschaftsbilanz entsprechen damit dem Beteiligungsverhältnis. Der Ausweis der Maschinen mit dem Teilwert wird durch eine (negative) Ergänzungsbilanz des S korrigiert.

Ergänzungsbilanz des S

Aktiva	Ergänzungsbilanz S		Passiva
Minderkapital	70.000 €	Maschinen	70.000 €

Würde der S sich für den Ansatz des gemeinen Wertes entscheiden, darf die Eröffnungsbilanz mit den gemeinen Werten nicht durch eine negative Ergänzungsbilanz des S ausgeglichen werden.

Die Einbringung des Einzelunternehmens (oder auch eines Mitunternehmeranteils) zum gemeinen Wert gilt als Veräußerung i.S.d. § 16 EStG, da alle wesentlichen Betriebsgrundlagen in einem einheitlichen Vorgang auf einen Erwerber übertragen werden und außerdem die bisher im Einzelunternehmen entfaltete gewerbliche Betätigung endet. Das gilt auch, wenn der bisherige Einzelunternehmer maßgeblich an der neuen Personengesellschaft beteiligt ist. Denn rechtlich wird nicht das bisherige

Unternehmen unverändert fortgeführt, sondern durch die Personengesellschaft als neues Steuersubjekt abgelöst.

Mit dem Ansatz des gemeinen Werts entsteht für den S gem. § 16 Abs. 2 Satz 1 EStG ein Veräußerungsgewinn i.H.v. (150.000 ./. 80.000 =) 70.000 €. Der Veräußerungsgewinn ist gem.

▶ § 16 Abs. 4 EStG (Freibetrag) und

▶ § 34 Abs. 1 (sog. Fünftelregelung) oder Abs. 3 (ermäßigter Steuersatz) EStG

begünstigt.

Der Freibetrag des § 16 Abs. 4 EStG von bis zu 45.000 € wird jedoch geschmälert soweit auf der Seite des Veräußerers und auf der Seite des Erwerbers dieselben Personen Unternehmer oder Mitunternehmer sind. Insoweit gilt der Veräußerungsgewinn als laufender Gewinn (§ 24 Abs. 3 Satz 3 UmwStG i.V.m. § 16 Abs. 2 Satz 3 EStG). Dies ist insofern nachvollziehbar, da wirtschaftlich betrachtet der Einbringende insoweit nicht (an einen Dritten) veräußert.

Beachte: *Bei der Prüfung, ob der Freibetrag von 45.000 € zu kürzen ist, weil der Veräußerungsgewinn höher als 136.000 € ist, bleibt der fiktiv als laufender Gewinn zu versteuernde Teil der aufgedeckten stillen Reserven außer Ansatz (R 16 Abs. 13 Satz 9 EStR).*

Die Steuerermäßigung gem. § 34 Abs. 1 EStG (sog. Fünftelregelung) erhält der einbringende Einzelunternehmer von Amts wegen. Wenn er einen entsprechenden Antrag nach § 34 Abs. 3 Satz 1 EStG stellt, erhält er den ermäßigten Steuersatz. Der ermäßigte Steuersatz wird nur einmal im Leben gewährt (§ 34 Abs. 3 Satz 4 EStG). Soweit auf der Seite des Veräußerers und auf der Seite des Erwerbers dieselben Personenunternehmer oder Mitunternehmer sind entfällt die Vergünstigung (BMF vom 11.11.2011 Rz. 24.16).

Im Fall 87 ist der S zur Hälfte an der OHG beteiligt. Die Hälfte des Veräußerungsgewinns i.H.v. (70.000 : 2 =) 35.000 € ist daher (nicht begünstigter) laufender Gewinn, der auch der Gewerbesteuer unterliegt (mit

Steuerermäßigung gem. § 35 EStG). Die OHG hat zusätzliche Anschaffungskosten in Höhe von 70.000 €, die über die Jahre abgeschrieben werden.

Bei Ansatz eines Zwischenwerts, der über dem Buchwert und unter dem gemeinen Wert liegt, entsteht in Höhe des Unterschiedsbetrages zwischen den Zwischenwerten und den Buchwerten ein Veräußerungsgewinn. Da nicht alle stillen Reserven aufgedeckt werden, ist der Veräußerungsgewinn weder nach § 16 Abs. 4 EStG noch nach § 34 Abs. 1 oder Abs. 3 EStG begünstigt (§ 24 Abs. 3 Satz 2 UmwStG). Der Veräußerungsgewinn unterliegt nicht der Gewerbesteuer.

Bilanztechnisch sind beim Ansatz von Zwischenwerten die in den (positiven und negativen) Wirtschaftsgütern einschließlich eines originären Firmenwerts ruhenden stillen Reserven mit einem einheitlichen Prozentsatz aufzulösen.

Leitsatz 51

Entgeltliche Aufnahme

Die entgeltliche Aufnahme in ein **bestehendes Einzelunternehmen** und die damit verbundene Einbringung des bisherigen Betriebsvermögens in die neu gegründete Personengesellschaft ist für den Einbringenden Einzelunternehmer gem. § 24 UmwStG **ohne steuerliche Belastung** möglich. Der Einbringende hat ein Ansatzwahlrecht zwischen:

- ▶ **Buchwert,**
- ▶ **gemeinem Wert,**
- ▶ **Zwischenwert.**

Damit wird der Umfang einer eventuellen Gewinnrealisierung in das Belieben des Einbringenden gestellt.

Gleiches gilt für die entgeltliche Aufnahme in eine **bestehende Personengesellschaft**.

Wenn der Eintretende (neben seiner Bareinlage in die neue Personengesellschaft) eine Zahlung (sog. Zuzahlung) in das Privatvermögen des bisherigen Einzelunternehmers leistet, liegt ein von der Einbringung gem. § 24 UmwStG getrennt zu beurteilender Veräußerungsvorgang vor. Der zu versteuernde Gewinn entsteht in Höhe der Differenz zwischen der

Zuzahlung und den Buchwerten der anteilig übertragenen Wirtschaftsgüter des Betriebsvermögens. Der Gewinn ist dem laufenden, nicht durch § 34 EStG begünstigten Gewinn zuzuordnen (§ 16 Abs. 1 Satz 2 EStG; § 24 Abs. 2 Satz 2 UmwStG)

Übertragung von Einzelwirtschaftsgütern

Die Gewinnrealisierung bei Übertragung von Wirtschaftsgütern zwischen Gesellschaft und Gesellschaftern ist in § 6 Abs. 5 EStG geregelt. Dabei sind regelmäßig die Buchwerte fortzuführen, sofern die Besteuerung der stillen Reserven sichergestellt ist.

Fall 88
L hat bisher eine Lagerhalle (Buchwert 50.000 €, gemeiner Wert 100.000 €) in seinem Einzelunternehmen genutzt. Er vermietet diese nunmehr an die LM-GbR, an der er zur Hälfte beteiligt ist.

Kann die Halle weiterhin im Einzelunternehmen bilanziert werden und welcher Wert ist anzusetzen?

Wirtschaftsgüter, die einem Gesellschafter gehören und unmittelbar für betriebliche Zwecke der Personengesellschaft genutzt werden sind notwendiges Sonderbetriebsvermögen I.

Mit der Vermietung an die GbR im Fall 88 wird die Lagerhalle nunmehr unmittelbar für die betrieblichen Zwecke der GbR genutzt. Damit entsteht beim Gesellschafter L, dem die Halle gehört notwendiges Sonderbetriebsvermögen I. Eine Bilanzierung in seinem Einzelunternehmen kommt daher nicht mehr in Frage (BFH vom 18.7.1979 I R 199/75).

Nach den Vorschriften zur Gewinnrealisierung bei der Übertragung von Wirtschaftsgütern zwischen Gesellschaft und Gesellschaftern gilt für die Fälle ohne Übertragung zwischen verschiedenen Personen (ohne intersubjektive Übertragung) stiller Reserven (§ 6 Abs. 5 Sätze 1 und 2 EStG), dass die Buchwerte fortzuführen sind. Für den Fall 88 ordnet § 6 Abs. 5 Satz 2 EStG die Buchwertfortführung für den Transfer zwischen Betriebsvermögen und Sonderbetriebsvermögen desselben Steuerpflichtigen an.

Nach § 6 Abs. 5 Satz 2 EStG ist also bei der Überführung aus einem eigenen Betriebsvermögen in das eigene Sonderbetriebsvermögen der Wert anzusetzen, der sich nach den Vorschriften über die Gewinnermittlung ergibt. Wegen der geänderten Nutzung muss L die Lagerhalle in einer Sonderbilanz erfassen. Für den Wertansatz gibt § 6 EStG vor, dass der Wert anzusetzen ist, der sich nach den Vorschriften über die Gewinnermittlung ergibt. „Übersetzt" bedeutet dies, dass der Buchwert i.H.v. 50.000 € unverändert anzusetzen ist. Die Besteuerung von stillen Reserven ist gesichert, da die Halle weiterhin zu einem Betriebsvermögen gehört und somit steuerverstrickt ist. Die gleichen Rechtsfolgen würden sich ergeben, wenn im umgekehrten Fall die Halle vom Sonderbetriebsvermögen in das Betriebsvermögen des Einzelunternehmens übergeht.

Fall 89

Vater V und Sohn S sind an einer Baugesellschaft beteiligt. Die anderen Anteile halten fremde Gesellschafter. Zum Sonderbetriebsvermögen des V gehört ein Baukran. Diesen überträgt er unentgeltlich an seinen Sohn (Buchwert 50.000 €, Teilwert 80.000 €).

Welcher Wert ist anzusetzen?

Die Fälle der Übertragung von stillen Reserven zwischen verschiedenen Personen (intersubjektive Übertragung) sind geregelt in § 6 Abs. 5 Sätze 3 bis 6 EStG. Dies sind im Einzelnen:

▶ Transfer zwischen Betriebsvermögen (§ 6 Abs. 5 Satz 3 Nr. 1 EStG) oder Sonderbetriebsvermögen (§ 6 Abs. 5 Satz 3 Nr. 2 EStG) und Gesellschaftsvermögen. Dabei kann der Transfer entweder unentgeltlich oder gegen Gewährung von Gesellschaftsrechten erfolgen.

▶ die unentgeltliche Übertragung zwischen dem Sonderbetriebsvermögen von Mitunternehmern derselben Mitunternehmerschaft (§ 6 Abs. 5 Satz 3 Nr. 3 EStG).

Der Fall 89 beschreibt eine unentgeltliche Übertragung vom Sonderbetriebsvermögen des V in das Sonderbetriebsvermögen des S. Bei einer solchen unentgeltlichen Übertragung zwischen dem Sonderbetriebsvermögen von Mitunternehmern derselben Mitunternehmerschaft ist zwingend der Buchwert anzusetzen (§ 6 Abs. 5 Satz 3 Nr. 3 EStG). Der Baukran ist daher im Sonderbetriebsvermögen des S mit 50.000 € zu aktivieren.

Ohne diese Regelung entstünde bei V ein Veräußerungsgewinn in Höhe der Differenz zwischen Teilwert und Buchwert i.H.v. (80.000 ./. 50.000 =) 30.000 €. Aufgrund der gesetzlich angeordneten Buchwertfortführung entsteht jedoch kein Veräußerungsgewinn im Sonderbetriebsvermögen des V.

Beachte: *Der Teilwert ist rückwirkend anzusetzen, wenn die nach § 6 Abs. 5 Satz 3 EStG zum Buchwert übertragenen Wirtschaftsgüter innerhalb einer dreijährigen Sperrfrist veräußert oder entnommen werden (§ 6 Abs. 5 Satz 4 EStG).*

■ Fall 90

Der S aus Fall 89 ist auch Gesellschafter einer weiteren Baugesellschaft, an der V nicht beteiligt ist. Der V überträgt dem S einen weiteren Baukran (Buchwert 50.000 €, Teilwert 80.000 €), den dieser an die weitere Baugesellschaft vermietet.

Welcher Wert ist anzusetzen?

Für die unentgeltliche Übertragung eines einzelnen Wirtschaftsguts zwischen den jeweiligen Sonderbetriebsvermögen verschiedener Mitunternehmer derselben Mitunternehmerschaft gilt die Buchwertfortführung (§ 6 Abs. 5 Satz 3 Nr. 3 EStG).

Im Fall 90 vollzieht sich die Übertragung nicht zwischen Mitunternehmern derselben Mitunternehmerschaft sondern zwischen Mitunternehmern verschiedener Mitunternehmerschaften. Eine Buchwertfortführung im Sonderbetriebsvermögen des S bei der weiteren Baugesellschaft scheidet damit aus. Der V erzielt in seinem Sonderbetriebsvermögen einen Gewinn i.H.v. 30.000 €. S aktiviert den Baukran mit einem Wert von 80.000 € in seinem Sonderbetriebsvermögen bei der weiteren Baugesellschaft.

■ Fall 91

Malermeister M führt mit seinen Söhnen die Maler-OHG. Der Betrieb befindet sich auf einem Grundstück, das dem M gehört. Der Buchwert im Sonderbetriebsvermögen des M beträgt 150.000 €. Zur Sicherung seiner Altersversorgung verkauft er dieses Grundstück an die OHG zu einem Kaufpreis von 350.000 €. Die Söhne des M sind der Ansicht, dass sie nach § 6 Abs. 5 EStG das Grundstück vom Sonderbetriebsvermögen in das Gesamthandsvermögen zum Buchwert überführen können und dementsprechend bei M kein Veräußerungsgewinn anfällt.

Können wir dieser Auffassung zustimmen?

Die Buchwertfortführung ist nach Maßgabe des § 6 Abs. 5 EStG lediglich bei unentgeltlichen Transfers und bei Transfers gegen Gewährung von Gesellschaftsrechten vorgeschrieben. Abzugrenzen hiervon sind einerseits

- Transfers von Wirtschaftsgütern aus dem Privatvermögen in das Gesellschaftsvermögen sowie

- entgeltliche Veräußerungen von Wirtschaftsgütern.

In diesen Fällen kommt es zur Gewinnrealisierung und der damit einhergehenden Aufdeckung der stillen Reserven.

Insofern ist den Söhnen in Fall 91 zu widersprechen. Nach den Grundsätzen über die Ermittlung des Gewinns durch Bestandsvergleich (§ 5 i.V.m. § 4 Abs. 1 EStG), führt bei einer Veräußerung der Unterschiedsbetrag zwischen (höherem) Veräußerungserlös und Buchwert zu einer Gewinnrealisierung. M realisiert im Sonderbetriebsvermögen einen Gewinn von (350.000 ./. 150.000 =) 200.000 € abzüglich seiner Veräußerungskosten. Steuerliche Vergünstigungen wegen einer Umstrukturierung greifen hier nicht.

Leitsatz 52

Übertragung von Einzelwirtschaftsgütern

Die Gewinnrealisierung bei Übertragung von Wirtschaftsgütern des Betriebsvermögens zwischen Gesellschaft und Gesellschaftern ist in § 6 Abs. 5 EStG geregelt. Dabei sind regelmäßig die Buchwerte fortzuführen (**Buchwertfortführung**), sofern die Besteuerung der stillen Reserven sichergestellt ist. Abzugrenzen hiervon sind entgeltliche Übertragungen und Übertragungen aus dem Privatvermögen in ein Betriebsvermögen.

***

Zu guter Letzt

Wenn Sie uns bis hierher gefolgt sind, gratulieren wir Ihnen! Sie haben sich nicht nur Grundwissen angeeignet, Sie besitzen nun auch zahlreiche Detailkenntnisse in einem der schwierigsten Steuerrechtsgebiete.

Sie sollten nicht zögern, mit einem nochmaligen Durcharbeiten des Buches ihr Wissen zu festigen. Dabei werden Sie feststellen, dass Sie einige Teile sehr schnell anhand der Hervorhebungen im Text sowie der Übersichten und Leitsätze wiederholen können. Anspruchsvollere Passagen werden Sie nochmals gründlich durchdenken müssen, um schließlich „sattelfestes" Wissen zu erlangen. Sie werden zudem feststellen, dass Sie zu Einsichten gelangen, die Ihnen noch beim ersten Lesen verborgen geblieben sind.

Mit diesem Wissen sind Sie auch gerüstet für ein weitergehendes, vertiefendes Studium der Besteuerung von Personengesellschaften. Dieses Buch kann Ihnen dabei ein verlässlicher Kompass sein, der Sie nie den Überblick verlieren lässt.

Wir wünschen Ihnen bei Ihren Vorhaben Beharrlichkeit und Erfolg!

Sachregister

A
Abfärberegelung 53, 62, 167
Aufnahme, entgeltliche 182 ff.
Aufnahme, unentgeltliche 181 f.
Außenhaftung, überschießende 155

B
Bagatellgrenze 53 f.
Bargründung 178
Betriebsausgaben,
 nicht abziehbare 87 f., 112, 134
Betriebsvermögen,
 handelsrechtliches 58 ff.
Betriebsvermögen,
 steuerrechtliches 61, 64, 72, 169
Bilanz 83
Buchführung 83
Buchführungspflicht,
 allgemein 82 ff.
Buchführungspflicht, derivative 82
Buchführungspflicht, originäre 83
Buchwertfortführung 76

D
Darlehenszinsen 103 ff.
Doppelbesteuerung 10 ff.
Durchgriffsbesteuerung 9

E
Eigentum,
 bürgerlich-rechtliches 58 f.
Eigentum, wirtschaftliches 58 ff.
Einbringung 76 f., 180
Einheitsbilanz 84
Einheits-GmbH & Co. KG 166
Einheitstheorie 42 f.
Einkommensteuer 10 f.
Einkünfte aus Gewerbebetrieb
 29 ff., 35, 38 f., 99
Einkünfte, Qualifikation der
 34, 39 ff., 43
Einkünfte, Zurechnung der
 34, 39, 43
Einlage, bedungene 150
Einlage, geleistete 150
Einlage, gesplittete 163
Einlage, haftungsbeendende 157
Einmann-GmbH & Co. KG 166
Einnahmen von Dritten 107 f.
Einnahmen, steuerfreie 89 ff.
Einzelunternehmer 7
Ergänzungsbilanz
 73 ff., 94, 111, 158 f.
Ertragsteuerbelastung 135
Ertragsteuerberechnung
 128 f., 132, 135

F
Familiengesellschaften 119 ff.
Familien-GmbH & Co. KG 166
Ferienwohnung 50 ff.
Feststellung der Einkünfte 31 ff.
Feststellung, einheitliche
 und gesonderte 31 ff.
Finanzplandarlehen 162 f.
Freibetrag 10
Fremdgeschäftsführer 173
Fünftelregelung 184

G
Gelegenheitsgesellschaften 17
Gesamtgewinn,
 steuerlicher 111, 138 f.
Geschäftsführergehalt 36
Gesellschaft
 bürgerlichen Rechts 16 f.
Gesellschaftereintritt 73
Gesellschafterwechsel 73
Gesellschaftsbilanz 73, 82 f., 111

Gesellschaftsgewinn,
   steuerlicher 81, 95, 111 f.
Gesellschaftsverhältnis 45
Gesellschaftsvermögen,
   allgemein 16, 58, 61, 72
Gesellschaftsvermögen,
   steuerliches 61 ff.
Gewerbebetrieb 136
Gewerbeertrag 136 ff., 144 ff.
Gewerbesteuer, allgemein
          10 f., 31, 41 f., 136 ff.
Gewerbesteuer, Freibetrag 10
Gewerbesteuer, Objektsteuer 10
Gewerbesteuer,
   Steuergegenstand der 136
Gewerbesteuer,
   Steuerschuldner der 136
Gewerbesteuerpflicht 137
Gewerbesteuerschuld 147
Gewerbesteuerschuld,
   Ermittlung der 146 f.
Gewinn vor Steuern 127 f.
Gewinnanteile 34 f. 95 f., 111
Gewinnausschüttung 90 ff. 175
Gewinnverteilung,
   Änderung der 122 ff.
Gewinnverteilung,
   angemessene 119 ff.
Gewinnverteilung, gesetzliche 113 ff.
Gewinnverteilung,
   nicht angemessene 119 ff.
Gewinnverteilung,
   steuerliche 112 ff., 124
Gewinnverteilung,
   vertragliche 117 ff.
Gewinnverteilungsabrede 94
Gewinnverteilungsschlüssel
          92 ff., 113 ff.
GmbH & Co. KG,
   allgemein 20 f., 165 ff.
GmbH & Co. KG,
   Betriebsvermögen der 169 ff.
GmbH & Co. KG,
   Gewerblichkeit der 169
GmbH & Co. KG, personen-
   und beteiligungsidentische 165
GmbH & Co. KG, typische 165
Grundlagenbescheid 32
Grundsatz der
   Maßgeblichkeit 61, 85 f.
Gründung 178

H

Haftsumme 148
Haftung 7
Haftung des Kommanditisten 149
Handelsbilanz 59
Handelsgesellschaften 18
Handelsregister 19
Herstellungskosten 100
Hinzurechnungen 139 ff.

I

Innengesellschaft 22

K

Kapitalgesellschaft,
   Steuern der 10 f.
Kapitalkonto des
   Kommanditisten 150 ff.
Kapitalkonto i.S.d. § 15a EStG 152
Kommanditgesellschaft 20 f.
Kommanditist 20 f.
Komplementär 20 f.
Komplementär-GmbH 175 f.
Körperschaftsteuer 11 ff.
Korrespondenzprinzip 71
Kosten der privaten
   Lebensführung 88
Kürzungen 139 f., 145

M

Maßgeblichkeitsprinzip 61, 85 f.
Mehrkontenmodell 159 ff.
Mischformen 165
Mitunternehmer 27 ff.
Mitunternehmereigenschaft 46
Mitunternehmerinitiative 46 ff.
Mitunternehmer-Konzept 44
Mitunternehmerrisiko 46 ff.
Mitunternehmerschaft,
  allgemein 31, 44 f., 52, 57, 169
Mitunternehmerschaft,
  verdeckte 45

N

Nachversteuerung § 34a EStG 131

O

Offene Handelsgesellschaft 18 f.

P

Partnerschaftsgesellschaft 23 f.
Personengesellschaft, allgemein 15 f.
Personengesellschaft,
  gewerblich geprägte 54 ff., 167 ff.
Personengesellschaft,
  gewerblich infizierte 53 ff.
Personengesellschaft,
  Gewerblichkeit der 50 f.
Personengesellschaft,
  Gewinneinkünfte erzielende 26 f.
Personengesellschaft,
  Steuern der 9 f.
Personengesellschaft,
  vermögensverwaltende 25 f.
Personenhandelsgesellschaften 82
Pflichteinlage 149 ff.
Privatvermögen 29
Publikums-GmbH & Co. KG 166

R

Rechtsformen 15
Rechtsformwahl 7
Regelbesteuerung 135

S

Sachgründung 178
Sonderbetriebsausgaben 35, 108
Sonderbetriebseinnahmen 35, 108
Sonderbetriebsvermögen,
  I und II 65 f., 72
Sonderbetriebsvermögen,
  allgemein 40, 63 ff.
Sonderbetriebsvermögen,
  gewillkürtes 66 ff.
Sonderbetriebsvermögen,
  notwendiges 65 ff.
Sonderbilanz 158 f.
Sonderbuchführung 96 ff.
Sonder-GuV 111
Sondervergütungen
  34 ff., 100, 108, 111
Steuerarten 8
Steuerbilanz, Ableitung der 85
Steuerbilanz, allgemein
  82, 84 f., 111
Steuerbilanz, eigenständige 85
Steuersatz, ermäßigter 184
Steuersubjekt 9 f.
Steuerverstrickung 40, 177
Stille Gesellschaft 21 f.
Stille Reserven 74 ff.

T

Tarifbegünstigung § 34a EStG 129
Tätigkeitsvergütung 98 ff., 172 ff.
Teileinkünfteverfahren 11 ff.
Thesaurierungsbesteuerung
  10, 129 f.

U

Überleitungsrechnung 85

V

Veräußerungsgeschäft, privates 40
Verlust, verrechenbarer 152 f.
Verlustausgleich,
 aufgeschobener 149
Verlustausgleich, erweiterter 155
Verluste 12, 14
Verluste des Kommanditisten 148 ff.
Verlustvortrag,
 innerbetrieblicher 153
Verlustzuweisungs-
 gesellschaft 148
Vermögensgegenstand 61
Vermögensverwaltung,
 private 51
Verträge, schuldrechtliche 9
Vorabgewinn 37, 98

W

Warenlieferung 102
Wirtschaftsgut 61
Wirtschaftsgüter, immaterielle 106
Wirtschaftsgüter,
 Überlassung von 105 ff.
Wirtschaftsgüter,
 Übertragung von 186 ff.

Z

Zuzahlung 185

Stephan Kudert / Peter Sorg

Rechnungswesen
leicht gemacht

Buchführung und Bilanz für Studierende an
Universitäten, Hochschulen und Berufsakademien

Rechnungswesen auf einen Blick! In der neunten Auflage des seit
über 20 Jahren bewährten Taschenbuchs führen dich zwei erfahrene Professoren in Buchführung und Bilanzierung ein. Verständlich, lebendig und kurzweilig werden die komplexen Themenbereiche auf den Punkt gebracht. Hier erfährst du alles über:

→ Betriebswirtschaftliche Grundlagen des Bilanzrechts
→ Doppelte Buchführung
→ Handelsrechtlicher Jahresabschluss
→ Europäisierung und Globalisierung
→ Bilanzrecht nach HGB und IFRS

BLAUE SERIE – *leicht gemacht*
9., überarbeitete Auflage
17 Übersichten, 22 Leitsätze, 208 Seiten, 2024
ISBN 978-3-87440-394-8, € 16,90
Titel auch als E-Book erhältlich.

Edition Wissenschaft & Praxis

Stephan Kudert

Steuerrecht
leicht gemacht

Eine Einführung für Studium und Praxis

Steuerrecht auf den Punkt gebracht! Das Unternehmensteuerrecht wird in diesem Buch von einem erfahrenen Universitätsprofessor in leicht verständlicher, unterhaltsamer und bewährt fallorientierter Weise dargestellt. Das Erfolgsbuch enthält eine Vielzahl von Merksätzen sowie zu jeder Lektion Leitsätze, die die wichtigsten Aussagen zusammenfassen. Anhand von mehr als 150 Fällen wird der Zugang zu dieser komplexen Materie erleichtert. Damit ist es seit vielen Jahren eine unerlässliche Lernhilfe für die Steuerklausur sowie Beistand in Beruf und Alltag. In diesem kurzen und zugleich erstaunlich umfangreichen Buch erfährst du alles, was du zu folgenden Themen wissen musst:

→ Einkommensteuer
→ Körperschaftsteuer
→ Gewerbesteuer
→ Umsatzsteuer
→ Internationales Steuerrecht

BLAUE SERIE – *leicht gemacht*
7., überarbeitete Auflage
18 Übersichten, 22 Leitsätze, 172 Seiten, 2023
ISBN 978-3-87440-391-7, € 15,90
Titel auch als E-Book erhältlich.

Edition Wissenschaft & Praxis